英文学教授が\教えたがる/ 名作の英語

東京大学文学部教授

阿部公彦
Masahiko Abe

文藝春秋

はじめに

英語の勉強を続けたい

英語の勉強をする人の様子を見ていて、「もったいないなあ」と思うことがよくあります。英語を勉強したい人は多い。はじめは目も輝いている。でも、いつの間にか、まぶしいほどだった目の光は失われ、手の動きは鈍り、ついには視線も伏し目がちになる。

何をするにも、最初のモチベーションを維持するのはたいへんです。出だしは誰だって元気だし、やる気満々。問題はそのあとです。どうやって〝2段目のエンジン〟に火をつけるか。むしろ大事なのはそこだと思うのです。

私が「もったいないなあ」と思うのもそこです。言葉の勉強をするということは、その先にいろんなことが待っている。〝第2エンジン〟に火をつける方法はいくらでもあるのです。まずは、その言葉が話されている国に行ってみたいと思うのが自然な気持ちでしょうか。そこで人と交わったり、文物に触れたり、場合によっては少し滞在して言葉の力を磨くということも考えられる。

しかし、行く、話す、見る、というのは要するに観光か、せいぜい訪問です。それでも意味はあるでしょうが、言葉の勉強をつづけるのに圧倒的に有効なのは読むことです。読む力がつけばさまざまな情報にアクセスし、さらに〝3段目のエンジン〟〝4段目のエンジン〟にも点火することができます。言葉の勉強にとどまらず、文理問わないさまざまな領域に足を踏み入れていけるし、趣味や遊びの世界もぐっと広がる。こんなに可能性に満ちた豊穣な領域を放っておくのはもったいないと思います。

この20～30年、「実用」という言葉が嫌というほど耳に入ってきました。使えない英語はダメだ、ということで一生懸命日常生活の場面を真似て練習したり、試験に出したりということが行われてきました。これが果たしてどれだけ「使える英語」に結びついたのかは、是非、きちんと検証してもらいたいですが、少なくとも遊園地のチケットを買ったり、レストランの品定めをしたりする練習をすることで〝2段目のエン

ジン〟に点火させて、その先へ、さらにその先へと学習者を導いていく力があるかどうかとなると、う〜ん、どうでしょう、と思わざるをえません。

英語を続けたいなら、読め、と私は言いたい。いったん読む習慣を身につけた人は強い。どんどん雪だるま式に力が増殖していきます。もちろん、読む力を鍛えるのにも、聞いたり、書いたり、そしてもちろん誰かとやり取りしたりするということはおおいに役立ちます。私は最近『理想のリスニング 「人間的モヤモヤ」を聞きとる英語の世界』（東京大学出版会）という本を出して、日本語話者はいかに聞く練習が足りていないか、もっと時間をかけてリスニングを勉強のプロセスにとりこめば、今、英語学習でうまくいっていない部分が乗り越えられるということを力説しました。日本語と英語は音のシステムがかなり違うので、そこをリスニング体験で克服しないとどうしても上達には壁がある。聞くことを通して英語のリズムを身体で覚えたい。そうすれば、読むときにも助けになります。

しかし、英語をつづけたいなら、読め。しつこいようですが、あらためて言います。基礎を固めるためには聞くことは非常に大事。まだまだ足りない。もっとやらないと、英語は上達しない。しかし、モチベーションということでいうと、リスニングの練習だけで英語をつづけるのはなかなかたいへんです。いくら原理的には大事でも、耳を通しての情報の受容には限界がある。読むことのポテンシャルはやはりすごいのです。果てしなく可能性が広がるのです。

どういう英語をどう読むか

この本は、もっと英語を読めるようになりたいという人に、おすすめの入口を提供する本です。英語は所詮、情報収集の道具だという人は多いでしょう。まずは速く正確に読みたい。もちろん、大事なことです。しかし、言葉は「情報」だけでは終わらないのです。ちょうど食べ物に「おいしい」「まずい」があるのと同じように、言葉は私たちの「心の味覚」に働きかけてきます。私たちが「あ、おもしろい」と思ったり「感動した！」とか「わかる〜」とか感じたりするときには、その言葉がどのように書かれているかが大きく影響しています。どんなにいい食材を使っても、料理が下手ならおいしくないのと同じで、言葉は内容だけで

はなく、料理の仕方が大事なのです。英語のどこに注意をくばれば、その料理法、すなわち「形」に気づくか、この本ではそこを説明しました。英語が「おいしい」と思えるようになれば、すでに〝2段目のエンジン〟に火がついたも同然です。

　文学作品の文章は「おいしい」を知るのにもってこいです。読者の興味を引き、楽しませ、かつ説得しようとあの手この手でこちらの「読み心」をくすぐります。近代英語がどのようにその魅力を磨いてきたかが、小説の文章にはよくあらわれているのです。ここでとりあげたデフォー、スウィフト、オースティンといった作家たちは、必ずと言っていいほど英文学史に出てくる人たち。小説というジャンルの基礎を築いただけでなく、その後の英語の書かれ方にも影響を与えた人たちです。新聞記事やエッセイや教科書などでも頻繁に引用される。なぜ、そうなのかは、小説というジャンルが成立した歴史的事情ともからむので、解説部分をお読みください。

　本書の中心となるのは、名作の抜粋です。是非、本物の英語に生で触れていただきたい。原文には訳文を付し、語彙や文法の基礎的な解説と、読みどころの説明もつけました。いきなり作品全体を読むのはたいへんでしょうから、まずは抜粋部分からご賞味いただければと思います。ただ、抜粋はあくまで一部。できれば、次のステップとして全体を読んでいただきたいとも思います。

　またどんな作品も、実はそれが書かれた時代の「抜粋」でもあります。その作品の背後にはより大きな「本」があるのです。個別の作品を読む「おいしさ」は、より大きな「本」としての文化や時代を読む楽しさへとつながるものです。それはイギリスやアメリカという本を読んで味わえる「おいしさ」であるだけでなく、西洋そのものや、近代という時代や、さらにいえば人間文化を読むことの楽しさにもつながるものです。本書の「読みどころ」ではそうした次のステップに進むためのヒントを提供したつもりです。

　本書は大きく7人の作家からの7つの抜粋を柱にし、一種の「圧縮版・英文学史」を目指しました。もろん、これで英米文学の全体を見渡せるなどとは思っていませんが、はじめての方でも興味を持てるような作品を土台にして、広い視野が持てればと考えました。また柱に加え、「補講」というセクションでは5人ほどの文学者にも触れています。これは

NHKで放映された『ギフト〜E名言の世界〜』にあわせて発行された雑誌での連載を元にしたものでここでは英文学作品ならではの「決めぜりふ」や「名言」の使い方に注目し、シェイクスピア、ホイットマン、ディキンソン、キーツなど詩人を中心に扱っています。これをきっかけに言葉の形がどのような効果を持つかにあらためて注意を向けていただければと思います。なお、第7章に日本人の作家である村上春樹を入れましたが、これは彼が英語圏の作家から大きな影響を受けていること、そして今や、英語圏の作家や読者にも広く読まれる存在となっていることに鑑み、「広域汎英語文学」の一部をなす日本語圏の作家の1人として加えさせていただきました。村上春樹の作品の「英語性」については、第7章の解説でも詳しく説明しています。

　この本を読んで、作品をじっくり読みたい、同じ作家の別の作品を読みたいといった希望をお持ちになる方もおられるでしょう。そんな方のためにごく簡単ですが「文献案内」のコーナーも用意しましたので、必要に応じてご活用ください。

英文学教授が教えたがる名作の英語
目次

はじめに

第 1 章

ダニエル・デフォー 『ロビンソン・クルーソー』（1719）を読む

『ロビンソン・クルーソー』のあらすじはよく知られています。乗っていた船が難破し無人島に漂着した男がたった一人で生き延び、召使いを得て、ついに本国に生還する、その顛末が描かれたサバイバル譚です。しかし、あらためて原作を手にとって読んでみると、そうした大枠にはおさまらないさまざまな要素が入っていることがわかります。

たとえば、作品の始まりからクルーソーが実際に無人島に漂着するまでにはかなりの間があります。オックスフォード版のペーパーバックで言えば、全258頁のうちの40頁ほどでは家庭の事情や、若きクルー

ソーの紆余曲折が語られます。ドイツからイギリスに移り住んだ父。戦争に行って死んでしまった兄。クルーソーは、法律の仕事を勧める親の意に反し、海外での冒険を希望、船員になります。実際の航海では何度も危険な目に遭遇するものの、懲りません。難破したり、海賊に捕らえられたりといった経験をへて、ブラジルに農園を所有したものの、再び奴隷貿易の船に乗りこんだところでまた海難事故に遭遇、ついに無人島に漂着することになります。

さあ、ここからが本番！　と多くの人が思うでしょう。そしてたしかに、このあと何もない無人島で、ど

ダニエル・デフォー
Daniel Defoe
1660 - 1731

英国のロンドン出身。『ロビンソン・クルーソー』は聖書の次に世界で広く翻訳された書籍と言われている。多作であり、300を超える書籍、論考などを執筆した。ジャーナリストとしても活動し、政治的な著述活動が原因で収監されたこともある。主な作品に『モル・フランダーズ』『ペスト』などがある。

うやってクルーソーが人間らしい生活の基盤を打ち立てていくかが細かく描写されます。しかし、読んでいるうちに「あれ?」と思う人も出てくるでしょう。タイトル(原題は『ロビンソン・クルーソーの生涯と不思議な驚くべき冒険』)に「冒険」という言葉が入っているからにはもう少し波乱に富んでいてもいいのじゃない? と。

ところがこの作品では、いよいよクルーソーが誰もいない島に漂着してみると、展開がぐっと静かになり、クルーソーが物を作ったり、作業をしたりしながら、少しずつ生活水準をあげ、行動範囲を広げていくさま

が、まるでドキュメンタリーのように淡々と語られるのです。小説を読んでいるというよりは、日曜大工のマニュアルを読んでいる気にさえなるかもしれません。

物語が大きく動き出すのは、クルーソーが海岸に人の足跡を発見してからです。周辺の海域に住む人間たちがこの島にやってきて、人食いの儀式をやったりしていることがわかり、このあたりから一気に緊張感が高まります。クルーソーは、囚われの身の人間を解放してやったことで、召使いのような通訳のような人間を得て、その後の波乱をも乗りこえ、ついに28年の孤独な生活に終止

符を打って故国に帰ることになります。

しかし、これで終わりではありません。このあと、クルーソーの財政事情が細かく語られ、彼がどのように、誰に財産を残すかといったことまでがきっちり説明されるのです。

こういうわけで『ロビンソン・クルーソー』は、単なる小説として読もうとしてもあちこちでこぼれ出すところがあります。このあとの項目でも触れますが、何しろ島での生活の大部分は無人状態なので、人間関係というものが生まれようがありません。クルーソーはずっと一対一で自分と向き合って過ごすのです。さまざまな人間が登場したあとも、そもそも言葉が完全に通じるわけではないこともあり、召使いのフライデーとのやり取りからして、やや特殊です。つまり、全体に小説によく見られる人間的な賑わいのようなものがあまりないのです。もしくはその表現方法がかなり特殊なのです。しかし、これも含めてこの作品の持ち味だと言えるでしょう。

『ロビンソン・クルーソー』
の読みどころ

近代小説の誕生

『ロビンソン・クルーソー』は近代小説の礎となったとされる作品です。しかし、何が「小説」なのかがまだはっきりしていない時代ゆえ、今なら小説ジャンルの「外」にあるとされるような要素もいろいろ混入しています。そのあたりを確認することで、逆に近代小説がどのような土壌から生まれたかといったことが見えてくるでしょう。

政治と宗教

　まず歴史的背景として三つのことを頭に入れておきましょう。第一に、**政治と宗教の問題**です。『ロビンソン・クルーソー』が出版されたのは1719年ですが、著者のデフォーは1660年生まれ（1731年歿）。この時代の英国は史上希に見る動乱期にありました。1640年には清教徒革命が勃発、国王チャールズ一世が処刑されます。1660年の王政復古の後も不安定な情勢がつづき、1688年から89年の名誉革命をへてようやく落ち着きに向かうという時代でした。対立図式としてはイングランドの主流でカトリックに比較的近い英国国教会の派閥と、より急進的なプロテスタント諸派という構図がありましたが、背景には旧来の封建的勢力と新しく富をなした新興勢力との対立がありました。

　この後、武力による対立そのものは落ち着いていきますが、18世紀には印刷術の普及ともあいまって言葉を通してさまざまな意見の相違も表現されるようになり、**近代的な言論表明の場**に近いものも形成されていきます。そんな中にあって、非主流派の長老派の家に生まれたデフォーは、いやおうなく政治的現実の過酷さを身をもって体験するとともに、自身も定期刊行物を発行し、活字メディアという媒体を通して積極的に政治の場にかかわっていました。そうした状況では言葉の政治性や威力

が大いに意識されるとともに、印刷物の商業的価値にも注目が集まりつつありました。

旅行記

　第二に確認しておきたいのは、この当時、遠洋航海や貿易の伸展の結果、遠い異国の文化との接触の機会が増え、**旅行記**などの記録が出回るようになっていたということです。こうした記録には情報価値もあったでしょうが、それとあわせ好奇心を満たす要素もあったので、言葉に人びとの関心を引きつけ、商業的な価値を生み出す大きな要因ともなりました。こうした旅行記や見聞録は小説ジャンルの源流の一つとなっていきます。デフォーもこうした旅行記を参考にしていたとされ、とくにスコットランドの船乗りアレキサンダー・セルカークによる無人島での体験の記録は有力な資料としてあげられることがあります。

作法書

　三つ目に注目すべきは、**作法書**（conduct manuals）の流行です。ジェイン・オースティンの章でも触れますが、小説の源流として旅行記と並んであげられるのは、18世紀あたりから多く刊行されるようになった作法書です。もともと宮廷などで身分の高い人と接するときの礼節の決まり事を記していた書物が、次第により広い階層の人にむけ人間関係一般にかかわる心得を記すようになったもので、公の席でのマナーから、会話における作法や話題の選択、手紙の書き方などさまざまな領域を対象とするようになります。最初の近代小説の一つとされるサミュエル・リチャードソンの『パミラ』が、もともとは手紙の書き方の教本として出版されたということはよく知られています。

　作法書はこの後、プロポーズの仕方などを説明するものから、病人への対処、料理の方法など人生のさまざまな局面でヒントを提供する指南書の開拓へとつながり、現在のマニュアル本や自己啓発本にまでその影響を見て取ることができるでしょう。しかし、今ではこうしたマニュアル本が実用書というカテゴリーに入れられ、フィクションとはまったく性質が異なるもの、もしくは対立しさえするものとされるのも興味深いです。

　この三つのポイントをおさえた上で、私が今、あらためて強調した

いのは、『ロビンソン・クルーソー』が執筆された当時、**文章のカテゴリー**が今のように細分化されていなかったということです。今なら文学、エッセイ、歴史、自然観察、ドキュメンタリー、実用書、マニュアルといった形でわけられるであろう文章が、領域をまたいで一つの書物となりえました。

『ロビンソン・クルーソー』が個人の人生の記録だけではなく、旅行記的な側面をはじめ、宗教書や実用書のような要素などをもあわせもっているのも、そうした背景があればこそでしょう。冒頭からの前史にしても、無人島に漂着してからの、生活基盤を築いていく過程の細かい記述にしても、小説的な展開を期待する人にとってはやや邪魔なものに見えるかもしれませんが、そもそも小説的な楽しみというものに人々がそれほど明確な先入観を抱いていなかったこの時代、私たちの小説観からすると「ちょっと違う」と思えるものがたっぷりスペースを取って描かれるのはそれほど驚くべきことではないでしょう。

心を見つめる

とはいえ、『ロビンソン・クルーソー』にはたしかに近代小説の元とみなしたくなるような要素もあります。その一つが**心理の描き方**です。これは次の項目でも詳しく触れますが、この作品では主人公が過去の行いを悔い、現状の把握のために思考をめぐらし、さらに未来についてさまざまな計画を立てる様子が頻繁に描かれます。たとえば無人島に漂着したクルーソーはまずは食料の心配をし、棲み処をこしらえたり、調理道具その他を作ったりしようとします。やがて舟を建造し、穀物を育てて、農園のようなものもつくりあげる。そうしたプロセスのいちいちで試行錯誤を繰り返し、反省したり、絶望したり、希望を持ったりする。必然的に自分自身との対話も行われるわけですが、そんな中で際立ってくるのが**宗教的な省察**です。さまざまな困難に直面しつつも、自分の運命に納得し、神に感謝するという心の動きが描かれるのです。

こうした**内面性**はこの後、小説というジャンルが確立されていく中で大きな意味を持つようになります。個人はそれぞれ異なった内面世界を持っており、その内面を描くことでこそその人らしさが表現されうるという了解は、近代小説の大前提であるとともに、近代個人主義を補強する理念ともなっていきます。その内面を動かすのは恋愛感情などの欲望

であることも多いですが、とりあえず『ロビンソン・クルーソー』では「生き延びたい」という願いが第一の要因となっています。

　近代小説のもう一つの重要な構成要素となったのは、**個人と共同体との関係**です。これは親子関係を通して描かれたり、個人と社会、個人と国家という大きなレベルで描かれることもありますし、特定の他者との関係性の中で表現されることもあります。『ロビンソン・クルーソー』の場合は、何しろ無人島でのサバイバルが中心ですから、共同体との関係はそれほどかかわってこないと思えるかもしれませんが、ヨーロッパ的な視点から見た「未開民族」を描くことで、そうした視点も入っていると言えます。

　この30、40年、文学研究の中では、**植民地主義**に焦点をあてて批判的に文学作品を読み直す作業が進められてきました。この作品でもまさに植民地主義的な態度そのものが非常に凝縮した形で描き出されていると言えるでしょう。無人島に本国での生活様式を移植していく手順にしても、フライデーという召使を獲得し、馴致していく過程やその後の主従関係の維持にしても、その後にあらわれる人食い人種たちへの対応にしても、ヨーロッパ人が世界各地の人々を他者としてどのように遇したかが、その正当化の理屈とともに表現されています。

　こうした点をあらためて確認すると見えてくるのは、近代小説とはさまざまなレベルでの**他者との出会いや異文化遭遇**を描くためのジャンルだったということです。他の誰とも違う内面を抱えた個人という存在が、得体の知れない他者と出会う。そこで何が起きるか。どのように世界観が揺さぶられるか。『ロビンソン・クルーソー』はまさにそうしたプロセスを描き出した作品と言えます。

ロビンソン・クルーソー

（…）私が海に落ちたときの混乱は筆舌に尽くしがたいほどだった。泳ぐのは得意だったが、波をしのぎきって息継ぎをすることまではかなわず、そのうちに波に押され、というより波に運ばれるようにして、はるかな岸へと流されていった。波は岸に押し寄せてから引いていき、私はほぼ水面から出て打ち上げられたが、大量に水を飲んだこともあり、ふらふらだった。ただ、気持ちは落ち着き、息もつけたので、思いがけず陸地に近いことがわかったこともあって、立ち上がって次の波が来てまた流される前になるべく陸のほうまで行こうとした。しかしすぐに波から逃げるのは無理だとわかった。私の後ろからは巨大な丘のように盛り上がった海面が、猛り狂った敵の軍勢のように迫ってきて、私にはもはや太刀打ちする術も力もなかった。できるのは息をとめ、なるべく水面から上に身を出すことであり、そして、泳ぐことで呼吸をつづけ、何とか岸の方へと向かうことだった。私が一番恐れていたのは波が、ちょうど押し寄せるときは私を陸地のほうをはるばる運んでいくのと同じように、引いていくときには沖の方に私を引き戻していくことだった。

私を再び襲った波は、一気に20から30フィートほどの深さまで私を呑みこんだ。ものすごい力と速さとでずっと陸地の方にまで運ばれているのが自分でもわかった。しかし、私は何とか息をとめ、力を振り絞って前に泳ぎ出していこうとした。そして、もう呼吸をとめていられず胸が破裂しそうになったところで身体が浮き上がるのを感じ、と思うや頭と体とが水面から出て人心地ついた。そんな状態はものの2秒しか続かなかったが、気持ちがすごく楽になり、呼吸が整い、あらたな勇気を得た。私は再び水に呑まれ、かなりの間沈んだままだったが、耐えられないほどの時間ではなかった。そして波がおさまり、引きになって沖合に戻っていこうとすると、波の引っ張る力にあらがって私は前へと向かい、再び足が地につくのを感じた。しばらく呼吸を整えるべく佇み、波が行ってしまうのを待ってから、私はありたけの力を振り絞って陸地に向けて駆け出した。しかし、これでも荒れた海から逃れることはできなかった。波は再び私の後から押し寄せ、私は二度にわたって前と同じように、波にすくいあげられ流された。これも遠浅ゆえのことだった。

二度目に波にさらわれたときは命が危なかった。というのも波はものすごいスピードで私を運んでから、岩に打ち上げるというより叩きつけるような格好で、しかもその力たるやすさまじいものだったので、私は自力で逃れようにも気が遠くなり、何もできない状態だった。私は脇腹と胸をしたたか打たれ、ほとんど息ができなくなったのだ。これで波がまたすぐに打ち寄せてきていたら、溺れ死んでいただろう。しかし、次の波が来るまでに私は多少回復しており、また水に呑まれるだろうことはわかったので、岩にしがみつき、何とか波が引くまで息をとめることにした。今回は陸地に近いこともあって前ほど波は高くなかったので、水が引くまで岩にしがみついていて、それから再び駆け出した。おかげでかなり陸地に近づき、また波が来たときも、水に呑まれはしたものの、沖合に流されるほどではなかった。そうしてもう一度走って何とか陸にたどり着き、崖をよじ登って草の上に腰をおろし、やっと安堵の息をつくことができた。危険は過ぎ去り、もう水が迫ることもなかった。

　陸にあがり差し迫った危機もなくなったことで、天を仰いで命拾いしたことを感謝した。何しろ、ほんの数分前まではほとんど希望がなかったのだ。墓に入ったも同然の状態だった。そこから生還したときの、この魂の恍惚と高揚とがどんなものかをありのままにあらわすのはほとんど不可能だろう。こうしてみるとあのしきたりにも意味があるのだ。絞首刑のための縄をくくりつけられた罪人が、いよいよ執行というときに赦しを得られる場合、医師を同伴させておいて命が下されると瀉血をさせるという、あのしきたりだ。こうでもしないと驚きのために心臓から動物精気があふれだし、おかしくなってしまうのだ。

「なぜなら突然の喜びは、突然の悲しみと同じく、人を狂わせるから」(1)

　私は手を振り上げながら岸辺を歩き回った。全存在で助かったという事実を味わったと言ってもいい。身体をあれこれ動かしポーズをした。そのさまはとても言葉にはできない。そうして溺れた仲間たちのことを考え、助かったのは自分だけだとあらためて思った。その後、彼らの誰をも見かけることはなかったし、その痕跡も、山高帽が三つにつばつき帽が一つと靴の片割れが二つあっただけだ。

　私は座礁した船の方を見やったが、波が激しく打ちあたっては砕けて

いるためにほとんど何も見えない。かなり距離もあった。神よ、よくも
まあ助かったものだ！　と私はつくづく思った。

　なるべく物事の明るい面に目をやって心を落ちつけてから、私はあら
ためて周囲をきちんと見渡し、自分がどんな状況に置かれているかを
たしかめ、次に何をすべきかを考えた。ほっとしたのも束の間だった。
はっきり言って、とんでもない生還だった。体中びしょ濡れで替えの服
もない。飲み物も食べ物もない。この先は飢え死にするか、獣に襲われ
て食われるしか道はないと思えた。とくに困るのは武器がないことで、
これでは食うための獲物を捕まえることもできないし、こちらを襲って
獲物にしようとする動物から身を守ることもできない。要するに、私が
持っているのは一本のナイフと、タバコ用のパイプと、箱入りの小さな
タバコの葉一枚だけだった。所有物はこれでぜんぶ。こう考えると絶望
感に襲われ、狂人のように走り回ってしまった。夕闇が迫り、この地に
獰猛な動物が住んでいたらいったい自分の運命はどうなるだろうと暗澹
たる気分になった。夜になるとこういう動物は獲物を求めて動き出すの
だ。

　ここでせいぜい慰めに思いついたのは、もみのように葉が生い茂り、
かつ棘のある近くの木に登ることだった。夜をそこで過ごして、翌日
になってからどんなふうに死ぬかを考えようと私は思った。どうやって
も生き延びるのは無理だった。岸から200メートルほど歩いて飲み水が
あるか探してみると、うれしいことに見つかった。水を飲み、空腹を癒
すためにタバコの葉のひとかけを口に入れてから木の下に行き、よじ登
り、眠っても下に転げ落ちないような体勢を工夫してみた。そして短い
棒を折り取って防御用に警棒のようにしたうえで、寝床に落ち着いた。
ひどく疲れていたので私は深い眠りに落ちた。こんな状況でここまで
ぐっすり眠れた人はまずいないだろうというほど、よく眠り、目覚めも
このような状況では経験したことがないほどさわやかだった。

（筆者訳）

註1　ロバート・ワイルドの詩の一節。

Robinson Crusoe

(...)Nothing can describe the Confusion of Thought which I felt when I sunk into the Water; for ①though I swam very well, yet I could not deliver myself from the Waves so as to draw Breath, till that Wave ②having driven me, or rather carried me a vast Way on towards the Shore, and having spent itself, went back, and left me upon the Land almost dry, but ③half-dead with the Water I took in. I had so much Presence of Mind as well as Breath left, that seeing myself nearer the main Land than I expected, I got upon my Feet, and endeavoured to make on towards the Land as fast as I could, before another Wave should return and take me up again. But I soon found it was impossible to avoid it; for I saw the Sea come after me as high as a great Hill, and as furious as an Enemy which I had no Means or Strength to contend with; ④my Business was to hold my Breath, and raise myself upon the Water, if I could; and so by swimming to preserve my Breathing,

---

語 彙

• confusion：「混乱」。動詞形は confuse。

• sunk into：sunk (sank) は sink の過去形。通常は sink/sank/sunk と変化するが、過去形 sunk、過去分詞形 sunken となることもある。ここは過去形。自動詞の場合は「沈む」の意で、into をはじめ、behind, beneath, beyond などの前置詞とともに使われることが多い。他動詞の場合は「沈める」の意。

• deliver myself from：deliver は「を解放する」の意の他動詞で前置詞 from をとる。deliver oneself from ... で「... から自分を解放させる」＝「... から逃れる」の意。

• draw breath：draw はさまざまな意味のある動詞だが、中心となるのは「引く」の意。draw breath で「息を吸う」「生きている」。draw one's last breath は「最後の息を吸う」＝「息を引き取る」。

• dry：「水につかっていない」。ここでは me の補語。left me (upon the land) almost dry ととる。

• presence of mind：「平常心」「平静」

• I got upon my feet：「立ち上がる」

• furious：人間に使うときは「激怒した」。風、嵐などに使うときは「猛烈な」。

• means：「方法」「手段」。s がついていても単数の場合と、複数の場合がある（単複同形）。cf.) a means to an end「目的を達する手段」。ただし、「財産」の意味の場合は複数扱い。

18

文法解説

① though...yet の呼応に注意。

　現代英語ではこのように逆接の though と yet を重複して用いることはあまりありませんが、この時期のものにはわりと出てきます。

② having の用法に注意。

　ここは**分詞構文**です。意味的には **after** it had driven me の意味になります。このように分詞構文は、接続詞と主語を省略して分詞を中心にした副詞句をつくり、従属節の働きをさせる文型と理解できます。たとえば、分詞構文には以下のような接続詞の意味がこめられます。

☞「時」〜　　when, after, while, as
☞「理由」〜　since, as, because
☞「結果」〜　and

　この箇所からもわかるように、分詞構文を使うと動詞間の連続性とヒエラルキーがよりはっきりします。主節の動詞の中心性が明確になり、現在分詞形の動詞は前置きとしてやや付随的に使われていることが、動詞の形から明瞭に示されるのです。そのこともあって動詞表現のつながりはより緊密になり、表現が凝縮したものになるとともに、スピード感も出ます。口語よりも文語で使われるとされていますが、会話でも having said that「そうは言ったものの」とか、given that…「…を考えると」のような慣用的な分詞構文はよく使われます。

　なお、分詞構文は従属節が主節と異なる主語を持っていても、その主語を分詞の前に示すことで作ることもできます。これは**独立分詞構文**と呼ばれます。

③この half dead with the Water I took in 周辺の構文に注意。

　(left me upon the Land) half dead with the Water I took in（「大量に水を飲んだこともあり、ふらふらだった」）と考えます。繰り返しを避けるために left me は省略されています。

　left me ... <u>dry</u>, but <u>half dead</u> ... という対構造に注意しましょう。
　　　　　　　　A　　　　　　　　B

and Pilot myself towards the Shore, if possible; my greatest Concern now being, that the Sea, as it would carry me a great Way towards the Shore when it came on, might not carry me back again with it when it gave back towards the Sea.

The Wave that came upon me again, buried me at once twenty or thirty Feet deep in its own Body; and ⑤I could feel myself carried with a mighty Force and Swiftness towards the Shore a very great Way; but I held my Breath, and assisted myself to swim still forward with all my Might. I was ready to burst with holding my Breath, when, as I felt myself rising up, so to my immediate Relief, I found my Head and Hands shoot out above the Surface of the Water; and though it was not two Seconds of Time that I could keep myself so, yet it relieved me greatly, gave me Breath and new Courage. I was covered again with Water a good while, but not so long but I held it out; and finding the Water had spent itself, and began to return, I strook forward against the Return of the Waves, and felt Ground again with my Feet. ⑥I stood still a few Moments to recover Breath, and till the Water went from me, and then took to my Heels, and ran with what Strength I had farther towards the Shore. ⑦But neither would this deliver me from the Fury of the Sea, which came pouring in after me again, and twice more I was lifted up by the Waves, and carried forwards as before, ⑧the Shore being very flat.

語彙

• bury：「埋める」「沈める」
• with all my might：「自分のすべての力を使って」＝「必死に」。
• burst with：burst は「爆発する」「あふれる」の意。burst with で「～で張り裂ける」「～であふれる」。この場合は「もう呼吸をとめていられず胸が破裂しそうになったところで」。
• shoot out：shoot にはいろいろな意味があるが、ここでは「勢いよく飛び出す」。
• a good while：a while で「しばし」。good は強調で、ここでは「かなりの間」。
• not so long but I held it out：「持ちこたえられないほど長くではなく」
• strook forward：strike は strike/struck/struck（ときに stricken）と変化するが、この引用箇所のように、古い用例では strike/strook/strook もある。なお、strike は他動詞・自動詞とも「打つ」をはじめとしてさまざまな意味があるが、strike forward は自動詞扱いで「進む」。
• pour：他動詞では「注ぐ」、自動詞だと「押し寄せる」。ここでは後者。

このように、英語の構文では and や but などの接続詞をはさんで語句が並列構造や対構造をつくることがとてもよくあります。とくにデフォーのように長く文を続けがちな書き手の場合、そうした構造に依存することで文を長くつづけることができているとも言えるでしょう。

④ to hold の文法的機能に注意。

不定詞の名詞用法になります。ここでは S+V+C 構文の中で、補語をつくっています。「私が出来るのは息をとめること」の意。

⑤ I could feel myself carried の構文に注意。

ここは feel oneself + 過去分詞の構文（「自分が～されるのを感じる」）ととります。「自分が流されるのが感じられた」の意。feel は目的語のあとに原形動詞、to 不定詞、現在分詞、過去分詞などをとります。

⑥ 時間表現に注意。

a few Moments → till the Water went from me → then took to my Heels

このように出来事の生起の順番と、文中での記述の順番が同じになっているのがわかります。ふつうに書くと必ずしも両者は同じ順番にならないことも多いのですが、多少無理してでもこれらの順番をそろえると、物や出来事と言葉とがパラレルになっているような印象を抱かせ、臨場感を高めます。

⑦ neither の働きに注意。

neither はそれ以前の否定をうけて、「～もまた～ない」という意味を加えますが、その際、neither に続く箇所で主語動詞が倒置されることに注意しましょう。ここでは、this would not deliver me ... という元の語順が倒置されています。これまでの困難な状況を受けて、「これでも、逃れられない…」との意になります。

⑧ the Shore being very flat の構文に注意。

ここは分詞構文で、理由を説明。主節（I が主語）とは主語が異なる

The last Time of these two had well-nigh been fatal to me; for the Sea having hurried me along as before, landed me, or rather dashed me against a Piece of a Rock, and ⑨that with such Force, as it left me senseless, and indeed helpless, as to my own Deliverance; for ⑩the Blow taking my Side and Breast, beat the Breath as it were quite out of my Body; and ⑪had it returned again immediately, I must have been strangled in the Water; but I recovered a little before the return of the Waves, and seeing I should be covered again with the Water, I resolved to hold fast by a Piece of the Rock, and so to hold my Breath, if possible, till the Wave went back; now as the Waves were not so high as at first, being nearer Land, I held my Hold till the Wave abated, and then fetched another Run, which brought me so near the Shore, that the next Wave, though it went over me, yet did not so swallow me up as to carry me away, and the next run I took, I got to the main Land, where, to my great Comfort, I clambered up the Cliffs of the Shore, and sat me down upon the Grass, free from Danger, and quite out of the Reach of the Water.

I was now landed, and safe on Shore, and began to look up and thank God that my Life was saved in a Case wherein ⑫there was some Minutes before scarce

---

語 彙

- well-nigh：「ほとんど」（古）
- fatal：「致命的」
- such ... as：この as は古い用法で such ... that ～ 「非常に ... なので～」の that と同じ意味。
- indeed：（前文の叙述をさらに強めて）「もっと言えば」
- deliverance：deliver の名詞形。先述の deliver oneself 参照。意味としては「解放」「助かること」「逃れること」。
- strangle：「窒息死させる」（他）、「窒息死する」（自）の両方あり。ここでは前者。
- resolve to+ 動詞：「～すると心に決める」
- abated：abate は自動詞で「おさまる」「鎮まる」。「程度がおさまる／はなはだしくなる」を示す動詞は英語には数多くあるので、そのニュアンスの違いとあわせて覚えておくと便利。abate「（嵐などが）やわらぐ」、subside「（欲望などが）おさまる」、decrease「（数が）減る」、decline「衰退する」など。あるいは、rise「（風などが）激しくなる」、heighten「（緊張などが）高まる」、increase「（数が）増える」、prosper「栄える」。
- fetch：「（運動などを）行う」（古）。ここでは「もう一度走る」。
- clamber：（自）「よじ登る」

ので、the Shore と明示された独立分詞構文。意味は「浜辺の傾斜はゆるかったので（遠浅だったので）」。

⑨**構文と意味に注意。**

ここはいくつか注意すべき箇所があります。

that with such Force：ここの that は、その直前の dashed me, against a Piece of a Rock という部分を受けています。なので「岩床に叩きつけた、その勢いがすさまじかったので」という意味になります。

as to は「〜については」の意で、senseless と helpless の両方につながり、直訳すると「自分で自分を助けるということについては、気が遠くなって、どうしようもなくなっていた」となります。これでは日本語としてわかりにくいので多少意訳するなら「気が遠くなって何もできなくなっており、自力で状況を打開するのは無理だった」となります。

⑩ **as it were の意味に注意。**

as it were は「いわば」の意味でちょっと飛躍した言い方をするときに、「飛躍した言い方をするけれど、わかってね」というニュアンスを付け加えることができます。quite は「すっかり」。as it were にしても quite にしても、程度を表すときに一緒に用いることが多い語句ですが、こうした表現をつらねることで、主人公の心の激しい動きや狼狽ぶりが自然と伝わってきます。意味としては「いわば息を私の体からたたき出してしまった」ということになり、呼吸が苦しくなった様を描写しています。『ロビンソン・クルーソー』のこの場面では、こうした程度の甚だしさを強調する表現がたくさん出てきます。単語単位で「甚だしさ」を強調するだけでなく、比較級や仮定法、否定、さらには「とても言葉にはできない！」という、描写の不可能性を訴えるレトリックまで見られ語り手としては捨て身の方法をとっているとも言えるでしょう。以下に主なものをまとめてみます。

【「甚だしさ」をあらわす単語】

a <u>vast</u> Way, a <u>great</u> Hill, my <u>greatest</u> Concern was ...

any room to hope. I believe it is impossible to express to the Life what the Ecstasies and Transports of the Soul are, when it is so saved, as I may say, out of the very Grave: and ⑬I do not wonder now at the Custom, when a Malefactor who has the Halter about his Neck, is tied up, and just going to be turned off, and has a Reprieve brought to him: I say, ⑬I do not wonder that they bring a Surgeon with it, to let him Blood that very Moment they tell him of it, that the Surprise may not drive the Animal Spirits from the Heart, and overwhelm him:

For sudden Joys, like Griefs, confound at first.

⑭I walked about on the Shore, lifting up my Hands, and my whole Being, as I may say, wrapped up in the Contemplation of my Deliverance, making a Thousand Gestures and Motions which I cannot describe, reflecting upon all my Comrades that were drowned, and that there should not be one Soul saved but myself; for, as for them, I never saw them afterwards, or any Sign of them, except three of their Hats, one Cap, and two Shoes that were not Fellows.

語彙

- to the life：「実物そっくりに」
- grave：「墓」
- malefactor：「悪人」「犯罪者」
- halter：「絞首索」
- turn off：「(人を) 絞首刑にする」。もともとは「(栓などを) 締める」の意。
- reprieve：「刑の執行猶予」
- drive ... from：「～を追いやる、追い払う」。ちなみに animal spirit「動物精気」は、vital spirit「生気」や natural spirit「自然精気」とならんで人間の精気を構成すると信じられていたものの一つ。
- overwhelm：「圧倒する」
- confound：「(人を) 当惑させる」「うろたえさせる」
- contemplation：contemplate の名詞形。「じっと見つめること」「じっくり考えること」。ここでは後者で、wrapped up in a contemplation of my deliverance で「自分が助かったという思いにふけった」。
- comrades：「仲間たち」
- fellows：「一対のもの」。two shoes that were not fellows とは「見つかった二つの靴がペア

【比較級】

  <u>as high as</u> a great Hill

  I fell asleep, and slept <u>as comfortably as</u>, I believe, few could have done in my Condition

【仮定法】

  <u>had it returned</u> again immediately, I must have been strangled in the Water

【否定】

  But <u>neither</u> would this deliver me from the Fury of the Sea ...

【描写の不可能】

  <u>Nothing can describe</u> the Confusion of Thought which I felt when I sank into the Water ...

＊以上の例は、この後、より詳しく説明しているものもあるので、参考にしてください。

⑪構文に注意。

　ここは主語動詞が倒置されることで if 節と同じ機能を果たしています。if it had returned again「次の波がきていれば」ということです。

⑫構造に注意。

　下記のように some Minutes before をカッコに入れるとわかりやすいです。

  there was (some Minutes before) scarce any room to hope.

「（少し前は）ほとんど希望がなかった」

⑬ I do not wonder that…　の構文注意

　ここでは I do not wonder につづく節が長いので、途中でもう一回繰り返していますが、そのことで語り手の「つくづく」という気持ちが強調されることにもなります。

　このように wonder は「不思議に思う」という意味ですが、否定形で使えば「不思議には思わない」→「なるほどと納得する」という意味になります。doubt や question といった「疑い」の意味を持つ動詞や名詞を否定形で使うことで「確信」や「納得」を示すことがよくあります。

　例）I don't doubt that she regrets it.「彼女はきっと後悔する」

I cast my Eyes to the stranded Vessel, when the Breach and Froth of the Sea being so big, I could hardly see it, it lay so far off, and considered, Lord! How was it possible I could get on Shore?

After I had solaced my Mind with the comfortable Part of my Condition, I began to look round me to see what kind of Place I was in, and what was next to be done, and I soon found my Comforts abate, and that in a word I had a dreadful Deliverance: For I was wet, had no Clothes to shift me, nor anything either to eat or drink to comfort me, ⑮neither did I see any Prospect before me, but that of perishing with Hunger, or being devoured by wild Beasts; and that which was particularly afflicting to me, was, that I had no Weapon either to hunt and kill any

---

語 彙

ではなく、ばらばらだった」という意味。

• **strand**：他動詞で「座礁させる」、自動詞で「座礁する」。be stranded「（船が）座礁する」の用法で使われることが多い。

• **vessel**：「船」

• **breach**：「（岩などにあたる）砕け波」

• **froth**：「泡」

• **Lord**：「君主」「神」の意だが、驚きやあきれなどを示す間投詞として使われる。

• **solaced**：solace「慰める」「元気づける」

• **what was next to be done**：be + to 不定詞で「～するべき」の意。next が入って、「次に何がされるべきか」。

• **dreadful**：「おそろしい」「ひどい」

• **shift**：（他）（古）「（服を）替える」「（～の）服を替える」

　デフォーくらいの時代の小説を読んでいると、見知った単語でも今では使われない意味で用いられているということがよくある。この shift もその典型例で、「動かす」「替える」という現在の用法ではなく、「（～の）服を替える」という意味。他の章でも触れるように、こういう単語は『オックスフォード英語辞典』(Oxford English Dictionary) のような歴史的な語義変化が用例とともに記述されている辞書で調べると参考になる。この語義についても、まさにデフォーのこの一節が引用されている。

• **perishing**：perish「滅びる」「死ぬ」

• **devour**：他動詞で「（動物などが）むさぼり食べる」。

• **afflict**：「～を苦しめる」

There is no question about his guilt. 「彼はまず有罪だ」

⑭**構文に注意。**

wrap up は「包む」の意ですが、受け身形にして be wrapped up in …
で「〜に没頭する」という意味でも使います。こうして contemplation
とあわせて、主人公が内面世界に深く入り込んでいる様子が強調されま
す。

⑮**構文に注意**

最初の that は Prospect を指示します。ちなみに、この一文には that
が4回も出てきます。以下のような具合です。これはどのような効果に
結びついているかを考えてみてもおもしろいです。

neither did I see any Prospect before me, but <u>that</u> of perishing with Hunger,
or being devoured by wild Beasts; and <u>that</u> which was particularly afflicting
to me, was, <u>that</u> I had no Weapon either to hunt and kill any Creature for
my Sustenance, or to defend myself against any other Creature <u>that</u> might
desire to kill me for theirs.

that の文法上の用法は接続詞や代名詞などそれぞれ異なるのですが、
どの that にも共通してあるのは「指し示し」のジェスチャーが含まれ
ていることです。この指し示しのおかげで、前後を「つなぐ」働きがで
てきます。

こうして見ると、デフォーの文章の中の「つなぎ」の言葉の重要性が
見えてくるでしょう。「つなぎ」の言葉の使用を通して出来事がどう連
鎖しているかの関係性が描出されるとともに、そうした「つなぎ」を認
知し言葉にする「私」の役割もはっきりしてきます。**デフォーの並列に
ついては「読みどころ」でも触れているのであわせてご参照ください。**

Creature for my Sustenance, or to defend myself against any other Creature that might desire to kill me for theirs: In a Word, I had nothing about me but a Knife, a Tobacco-pipe, and a little Tobacco in a Box, this was all my Provisions, and this threw me into terrible Agonies of Mind, that for a while I ran about like a Madman; Night coming upon me, I began with a heavy Heart to consider what would be my Lot if there were any ravenous Beasts in that Country, seeing at Night they always come abroad for their Prey.

All the Remedy that offered to my Thoughts at that Time, was, to get up into a thick bushy Tree like a Fir, but thorny, which grew near me, and where I resolved to sit all Night, and consider the next Day what Death I should die, for as yet I saw no Prospect of Life. ⑯I walked about a Furlong from the Shore, to see if I could find any fresh Water to drink, which I did, to my great Joy; and having drunk and put a little Tobacco into my Mouth to prevent Hunger, I went to the Tree, and getting up into it, endeavoured to place myself so, as that if I should sleep I might

---

語 彙

- sustenance：sustain は他動詞で「（人が困難などに）耐える」「（～を）維持する」「扶養する」「持続させる」などの意。名詞 sustenance は「（生命維持の）食物」「生活維持」などの意。
- provisions：provide には「（食べ物などを）与える」の意。その名詞形で「食糧」の意。s がつくことに注意。
- with a heavy heart：「重苦しい気分で」
- lot：「運命」
- ravenous：「食欲旺盛な」
- abroad：「広く」「あちこちに」
- prey：「獲物」
- remedy：「救い」
- offer：他動詞で「提供する」、自動詞で「生じる」「ころがりこむ」。ここでは後者。
- thick：「（葉などが）よく茂った」
- bushy：「葉を茂らせた」
- thorny：「とげのある」
- furlong：「ファーロング（1/8 マイル。約 201 メートル）
- endeavour to：「～しようと努力する」

⑯**構文に注意。**

which は関係詞として名詞だけではなく、先行する文やその一部を受けることができます。この場合は find any fresh Water のところを受けていると考えられます。「飲み水が見つかるか探してみたところ、嬉しいことに見つかった」となります。

to one's joy「嬉しいことに」

例）to one's surprise

not fall; and having cut me a short Stick, like a Truncheon, for my Defence, I took up my Lodging, and having been excessively fatigued, I fell fast asleep, and slept ⑰as comfortably as, I believe, few could have done in my Condition, and found myself the most refreshed with it, that I think I ever was on such an Occasion.(...)

『ロビンソン・クルーソー』
オックスフォード大学出版局から刊行された
トマス・キーマー編のワールズ・クラシックス版（2007年）から引用。

語 彙

- truncheon：「警棒」
- lodging：「宿」
- fatigue：他動詞で「疲れさせる」。be fatigued で「疲れる」。

---

⑰**意味と構文に注意。**

as ... as という比較構文が使われています。

as comfortably as(, I believe,) few could have done[=slept] in my Condition ...

　上に示すようにまず I believe が挿入だと確認しましょう。また、as ... as 構文により二つの節が並行関係に置かれています。

I ... slept **comfortably**

few (in my Condition) could have slept **comfortably**

　ここでは、二つの comfortably が比べられていると考えるといいでしょう。

　ただし、注意するべき要素が二つあります。

　①二つ目の節では few「ほとんどいない」という否定の表現が使われている。

　②二つ目の節では could have slept という仮定法過去完了が使われている。

　従って「〜と〜は同じ」という単純な比較に、①「〜ほどの〜はいない」という否定の比較による「強調」という要素が入り、②「〜する人はいなかったであろう」という過去の反実仮想の要素も入ってきます。その結果、直訳すると「私の置かれた状況ではほとんど誰もできなかったであろうほど、私はぐっすり眠った…」→概訳「私はものすごくぐっすり眠った」という方向の意味になります。

　文法事項が複雑で戸惑う人もいるかもしれませんが、英語ではそもそも比較構文がよく使われるだけではなく、そこに否定形や仮定法を織り交ぜることで強さや弱さ等の「程度」を表現することが多いので、一種の決まり文句のようにして覚えておくのも手です。

デフォーのテクストについて

　英語の書記法は18世紀に安定しますが、デフォーの頃はまだパンクチュエーションやスペリング、大文字の使用などで個人差が大きく、とくにデフォーの場合、個性が強くて独特な書き方が目につきます。また『ロビンソン・クルーソー』の原稿は残ってはいませんが、デフォーの手稿の読みにくさは有名で、これに当時の印刷工の技術の問題も加わって、私たちが手にとる版にはその不安定さが反映されていることは確認しておきたいと思います。

『ロビンソン・クルーソー』を
より深く読む

　では『ロビンソン・クルーソー』を読むとき、具体的にどのようなところに気をつければいいのでしょう。今回とりあげるのは有名な難破の場面です。描写の巧みさや写実性が注目されることが多いこの作品の中でも、臨場感の際立つ箇所です。

> Nothing can describe the Confusion of Thought which I felt when I sunk into the Water; for though I swam very well, yet I could not deliver myself from the Waves so as to draw Breath, till that Wave having driven me, or rather carried me a vast Way on towards the Shore, and having spent itself, went back, and left me upon the Land almost dry, but half-dead with the Water I took in.

> （…）私が海に落ちたときの混乱は筆舌に尽くしがたいほどだった。泳ぐのは得意だったが、波をしのぎきって息継ぎをすることまではかなわず、そのうちに波に押され、というより波に運ばれるようにして、はるかな岸へと流されていった。波は岸に押し寄せてから引いていき、私はほぼ水面から出て打ち上げられたが、大量に水を飲んだこともあり、ふらふらだった。

　この箇所を見て、どのようなことに気づくでしょう。ここで注目したいのは接続詞です。引用した箇所は数行にわたり、それなりの長さがあるのですが、それでも一つの文におさまっているのは、接続詞が多数使われているからです。では使われている接続詞にはどのような特徴があるでしょう。接続詞だけを取り出してみると、こんな具合になります。for, yet, till, and, and, but。これを一目見て気づくのは till 以外はすべて**等位接続詞**だということです。

　接続詞には等位接続詞と従位接続詞があります。前者は A, and B とか A, but B という使われ方をします。等位という語にあらわれているように、これらは対等の関係にあるものをつなぐ働きをすると考えられま

す。これに対し従位接続詞は、when A, B のように A の節を B という主節に従属させて従属節をつくります。そこには一方が一方に従うという関係性があります。

デフォーの引用箇所では等位接続詞が多いために、同じくらいの重要性をもった節が並列的につながっていくことになります。主人公が波に翻弄される様子を読みながら、読者は次々に同じようなレベルの情報がつらなっていくという印象を受けるでしょう。これは主人公の置かれた状況や心理を表現するのにちょうどいい方法だとも言えます。the Confusion of Thought which I felt という一節にも表れているように、語り手は因果関係や理由説明などによって世界を整理し合理的に説明する余裕がないのです。次々に起きる出来事や印象をただ受け止めるだけ。だから、語りによる秩序づけよりも、時間の流れや出来事展開の自立性が際立つこうした書き方がちょうどいいというわけです。

一般に、英語の文章には大きくわけると二つの傾向があると言われます。一つはこの箇所のデフォーがしているように、等位接続詞や羅列、同格などを使って、情報を並列的にならべていく書き方。こうしたスタイルをとると時系列に沿った出来事展開をスピード感とともに表現しやすくなります。ひたすら周囲の状況についていくだけのやや受け身の視点で人物を描くことができます。ただ、これをやりすぎると、だらだらと切れ目なく話がつづき、どこに力点があるのかわからなくなって冗長な印象を与えることもあります。and や but などの等位接続詞を使えば、原理的には無限に文章をつづけることができるので、文の長さに歯止めが効かなくなる可能性もあります。ただ、英語はもともとそういう書き方をしてもそれほど違和感のない言語でもあり、こうやって並列的に同質のものをならべることでリズムをつくる中から雄弁さと説得力を生み出していくのが英語の美学だという見方もできます。

このように等位接続詞に依存するような文を loose sentence と呼びます。これに対し、もう一つの書き方は when, as, if などの従位接続詞を中心にした文で、こちらは periodic sentence と呼ばれます。後者では、従属部分を活用することで話者が明確に重要ポイントを差し出したり、ドラマチックな演出を加えたりできます。パンチが効いた落ちのある文がつくれるということです。

periodic sentence の名手として知られていたのはオスカー・ワイルドです。たとえば次のような皮肉の効いた文はその典型です。

> When the gods wish to punish us they answer our prayers.
> 神々が私たちを罰したいときは、神々は私たちの祈りを聞き入れるものだ。
> (≠ 私たちが神々にその実現を願うようなことは、たいてい私たちのためにはならない)(『理想の夫』)

こうした文は従属節だけを読んでいるうちは、その先がどうなるかわからないのですが、主節まで至ったところで一気に全体のポイントが見えるというわけです。このように periodic sentence には仕掛けがあり、意図があり、それゆえときには人工的であざとく見えることもありますが、うまくいけば効率的に強い印象を与える文をつくりあげることができます。もちろん二つの種類の文が組み合わさって文章が構成されることも多いのですが、デフォーの場合は、どちらかというと periodic sentence よりも loose sentence を頻繁に使っており、それゆえ、臨場感があり、ある意味では現実そのままを映したかのような写実性を表現できるのですが、どことなく冗長な印象を与えることがあるのも否定はできません。次の一節も長い一文になっています。

> But I soon found it was impossible to avoid it; for I saw the Sea come after me as high as a great Hill, and as furious as an Enemy which I had no Means or Strength to contend with; my Business was to hold my Breath, and raise myself upon the Water, if I could; <u>and so by swimming to preserve my Breathing, and Pilot myself towards the Shore, if possible; my greatest Concern now being, that the Sea, as it would carry me a great Way towards the Shore when it came on, might not carry me back again with it when it gave back towards the Sea.</u>

しかしすぐに波から逃げるのは無理だとわかった。私の後ろからは巨大な丘のように盛り上がった海面が、猛り狂った敵の軍勢のように迫ってきて、私にはもはや太刀打ちする術も力もなかった。できるのは息をとめ、なるべく水面から上に身を出すことであり、そして、泳ぐことで呼吸をつづけ、何とか岸の方

へと向かうことだった。私が一番恐れていたのは波が、ちょうど押し寄せるときは私を陸地のほうをはるばる運んでいくのと同じように、引いていくときには沖の方に私を引き戻していくことだった。

　ここでも等位接続詞が優勢で、次々に押し寄せる波の中で語り手がもがいている様子が表現されています。ひたすら波に押し流される中で主人公は必死に抵抗しているのですが、抵抗とはいってもとくに考えがあるわけではなく、とにかく息を継ぎながらなんとか岸に向かって泳ぎ着こうとしているだけです。
　そんな中でもう一つ注目するとおもしろいのは、文が長いとは言っても、その中に短い呼吸が細かくたくさん入っているということです。たとえば下線を引いた箇所は、次のように斜線で切れ目を入れてみるとわかるように、小刻みなユニットにわかれています。

and so/ by swimming/ to preserve my breathing,/ and pilot myself towards the shore,/ if possible,/ my greatest concern now being,/ that the sea,/ as it would carry me/ a great way towards the shore/ when it came on,/ might not carry me back again with it/ when it gave back/ towards the sea.

　このように細かくユニットにわかれているおかげでテンポがよくなり、次々にいろんな要素が畳みかけてくるような展開感が生み出されます。こうした特徴は、文や節などの細かいレベルでも確認できますが、『ロビンソン・クルーソー』全体にも見られる特徴にもなっています。つまり、主人公のクルーソーはたしかに反省したり振り返ったりするし、内面性を持ってはいるのですが、そうした反省の結果、生き方を変えるということにはそう簡単にならず、次々に新しい災難に巻き込まれたり、新しい冒険に足を踏み出していくという格好になっています。つまり、大きなレベルで明瞭なプロットがあるのではなく、小刻みな出来事がひたすら前へ前へと主人公を駆り立てているように見えるのです。そういう意味では、作品全体のレベルでも loose sentence 的な構造があるのかもしれません。思考のスパンそのものが短く、それがどんどんならべたてられ、新しい展開につながっていく。こういうところでも、文体というものがより大きな作品構造全体と密接につながっていることが確認できるでしょう。

― 補講 ―　シェイクスピア
『ソネット集』
を読む

ソネットを捧げる相手

　ルネサンス期に流行したソネットは、何より恋愛を語るための形式でした。14行という限られたスペースで、相手を讃美し、気持ちを吐露し、相手を〝落とす〟のです。シェイクスピアの『ソネット集』はそんな〝定型〟にならった作品ですが、ひとつ特異な点があります。恋愛の相手です。多くのソネットは身分の高い女性に向けて騎士が求愛するという宮廷風恋愛のパターンになっています。シェイクスピアのソネットも恋愛相手の身分が高いという点は同じですが、ただ、その相手が男なのです。『ソネット集』にはぜんぶで154のソネットが収められています。そのうちの126番までがある若い男性に向けて書かれています。この青年のモデルがいったい誰なのかは議論百出で、有力な候補はペンブルック伯ウィリアム・ハーバートやサウサンプトン伯ヘンリー・リズリーなど貴族の青年です。

　ソネット94番では一般論めかしながらも、男性を「花」の喩えで語っています。ちょっと驚きですが、必ずしも女性に見せかけて男性への隠れた愛を表しているということでもなさそうです。何しろ『ソネット集』では、あちこちで堂々と男性の美しさが語られます。94番も、一般論に仕立てておきながら、一向にこちらを振り向いてくれない青年へあてつけを行っているのかもしれません。わざと直接語りかけずに知らんぷりを決めこむことで、かえって相手にアピールしようとしているということです。

驚きのレトリック

　では他のソネットでは、青年はどのように登場するでしょう。とくにおもしろいのは冒頭から17番までのいわゆる「子作りソネット」(procreation sonnets) です。そこでは「あなたのように美しい人は是非、子孫を繁栄させて自分の美しさをのちの世に残すべきだ。さっさと結婚しなさい」と説かれています。随分不思議な恋愛詩です。でも、そんな

表向きのメッセージの裏に、青年への思いや、詩人としての自負などいろんな感情や情念が織りこまれています。

　たとえば17番。ソネットはそれ自体が14行からなる名言のようなものですが、まさにこのソネットなど、その出だしの素早い論理展開からしていかにも名言風です。

　　Who will believe my verse in time to come

　　If it were filled with your most high deserts?

　　Though yet, heaven knows, it is but as a tomb

　　Which hides your life and shows not half your parts.

　　未来の誰が　私の詩に書いてあることを本気にするだろう

　　もし私の詩が　あなたのすばらしい部分をあげつくしたりしたら？

　　たとえ　神のみ知ることだが　私の詩は墓にすぎず

　　あなたの命を隠し　あなたの持つものの半分も見せないとしても

　語り手はこうして嘆きます。誰も私の詩を本気にしてくれないだろう、いくら控えめに書いてもあなたがあまりに美しすぎるから、と。でも単なる嘆きではなく、嘆きのようでいて実は讃美にもなっています。レトリックがぎゅっと詰まった巧妙な出だしなのです。実にうまい。

　シェイクスピアのソネットを読むときには、〝4の原理〟に気をつけるといいです。「シェイクスピア式」とも呼ばれるその脚韻法は、4行ごとのまとまりを基調にします。この出だしも4行でひとまとまり。その後も話は〝4の原理〟で展開していきます。

　　If I could write the beauty of your eyes,

　　And in fresh numbers number all your graces,

　　The age to come would say 'This poet lies;

　　Such heavenly touches ne'er touch'd earthly faces.'

　　たとえ私があなたの目の美しさを描き

　　次々に詩を書いてあなたのすぐれた部分をかぞえあげても

　　後世の人は「この詩人は嘘つきだ

こんな天上的な筆遣いが　地上の顔を描くわけがない」と言うだろう

　出だしに続いて描かれるのは嘘つき扱いされ、あざ笑われる未来の詩人の姿です。こんなふうに話は4行ごとにどんどんエスカレートしていきます。

　もちろん本気ではありません。「まさかね」とか「こんなことあるわけないよね」とクスッと笑うような了解が背後にはあります。つまり、このソネットには嘘がたっぷりなのです。「ほんとうのことを語っているのに嘘つき扱いされて信用してもらえない可哀想な詩人」を主題にしつつ、まさにそのことを語る詩人が上手に嘘をついています。

14行の中の恋愛戦略

　シェイクスピアの嘘の根本にあるのは、日本的な礼節を連想させる「嘘も方便」の思想です。表向き、詩人は嘆いたり絶望したりしますが、あくまでこれはジェスチャー。むしろ目的は相手を持ち上げ、讃美することにあります。そして最終的な狙いは、相手を褒めそやした上で口説き落とすこと——まさに恋愛ならではの戦略です。

　この17番に見られるように、ソネットの言葉はたった14行の中でなじっているかと思うと褒め、絶望しているようで燃える。嘘をからめながら言葉の裏と表とをせわしなく反転させるのです。そこから意表をつくような切れ味のある語りが生み出され、相手の胸に突き刺さるというわけです。こうして14行の全体がひとつの名言めいたまとまりを持ってきます。

　ところで14行を4で割ると、2が余ります。この〝2〟のところに、カプレット（2行連句）がきます。17番ではこんなふうです。

　　　But were some child of yours alive that time,
　　　You should live twice, in it and in my rhyme.

　　　だけど　もしそのときあなたの子供がいたなら
　　　あなたは二度生きることになる　子供と私の詩の中にも生きるのだから

　この2行連句が、それまで4行ひとまとまりでリズムを作っていた語り

をぐっと短く引き締めて〝まとめ〟を作ります。「あなたは二度生きる」
というが、その理由がふるっています。あなたが子供に面影を残せば、
その子供が証拠となって私の詩も信用され、詩の中にあなたの生命が保
存される、というのです。語り手の、詩人としての自負がにじみ出すよ
うなフィニッシュではないでしょうか。

ウィリアム・シェイクスピア
William Shakespeare 1564 - 1616

英国のストラトフォード＝アポン＝エイヴォン生まれ。英文学を代表する戯曲家、詩
人。ロンドンで役者、脚本家として成功を収めた後、『ハムレット』『マクベス』『オセロ』
『リア王』などを残す。悲喜劇やソネットの作品でも知られる。

第 2 章

ジョナサン・スウィフト
『ガリヴァー旅行記』
（1726）
を読む

『ガリヴァー旅行記』の主人公は医師レミュエル・ガリヴァー。この Gulliver という名前には gullible ＝「騙されやすい」の意味もこめられているようです。たしかに、ガリヴァーにはどこかお人よしで危なっかしいところがあり、作品には喜劇的な雰囲気がたっぷりとあります。

ガリヴァーは自ら船長となって航海に乗り出し、世界各地で驚くべき経験をしてきます。しかし、その淡々とした静かな文体とは裏腹に、描かれていることは荒唐無稽で字義通りに受け取れないことがすぐに明白になります。今で言えば明らかにファンタジー的な設定で、そこに風刺性や寓意が混交しているのです。

第一篇に描かれるのは、リリパット国での体験。ガリヴァーは船が難破した後、たどり着いた陸地で眠りに落ち、目覚めてみると地面に縛りつけられています。周りを見ると、何と6インチ（約15センチ）しか背丈のない驚くほど小さい人間たちが彼を捕らえています。これは『ガリヴァー旅行記』を象徴する最も有名なシーンの一つです。

現地の人たちよりははるかに大きな体を持っているので、ガリヴァーは悠々相手を凌駕することができ、身の危険はそれほどありません。むしろあれこれ相手に気をつかわない

ジョナサン・スウィフト
Jonathan Swift
1667 - 1745

アイルランドのダブリン出身。エッ
セイや詩、政治的な著述も多く残し
た。作品は当初、匿名あるいはペン
ネームで発表された。風刺のきいた
作風で知られ、そのスタイルは後世
に影響を与えた。主な著作に『桶物
語』『穏健なる提案』などがある。

といけないくらい。ただ、困ること
もあります。食事や排泄、住居など
です。それを何とか解決しながら、
宮廷を襲った火事をおしっこで消す
といったエピソードが語られます。
卵をどちらから割るかといった議論
がイデオロギー闘争にまでつながる
など、リリパット国にはやや珍妙な
文化風土があることもわかってきま
す。

リリパット国からすると巨人ガリ
ヴァーは巨大兵器。他国との紛争な
どでは活躍の機会もあるのではじめ
は重宝されます。しかし、やがて軍
部の反感を買うことになり、暗殺計
画までくわだてられます。情報を察

知したガリヴァーは、結局、他国に
逃れ、その後故国に帰還します。

第二篇で描かれるブロブディンナ
グ国には、第一篇とは正反対に身長
が60フィート(約18メートル)もあ
る巨人たちが住んでいます。ここで
はガリヴァーは箱に入れられ、まる
でペットを飼うような扱いを受け
ます。王妃には気に入られるもの
の、宮廷生活の中でおもしろがられ
たり、性的ないたずらをされたり、
クリームの中に落とされるといった
目にも遭います。そんな中、ガリ
ヴァーがイングランドの諸事情につ
いて説明すると相手がすっかり呆れ
るといったエピソードが語られたり

もします。こうしてガリヴァーの故国イングランドを批判的に見る視点が、だんだんと目につくようになります。

第三篇でガリヴァーが遭遇するのは空飛ぶ島ラピュータです。この島は絶えず空中に浮遊し磁石の操作で向きを変えたり、ときには地上を攻撃することもできます。地表の国は、このラピュータに支配されているのですが、ラピュータの住人は、いつも数字の計算や幾何学図形の操作など抽象的な思弁に明け暮れ、住人同士のコミュニケーションにさえ支障があるほどです。このあたりの描写には、王立協会に代表される科学者集団に対する風刺がこめられていると言われます。

このラピュータでの滞在の帰路、ガリヴァーは魔法使いの人々と遭遇、降霊術で呼び出された歴史上の人物たちと会うことになりますが、彼らが実際には知られているよりもずっと矮小な人間たちであったこともわかります。

第四篇は最大の問題作です。フウイヌム国を支配するのは何と馬。人間に近いヤフーと呼ばれる生き物もいるのですが、彼らは非常に卑しい醜い存在として描かれます。ヤフーは裸なので、着衣のガリヴァーははじめは別の動物と見なされますが、最終的には同族とされフウイヌム国から追い出されてしまいます。

第四篇では馬を中心とした秩序が理想的なものとして描かれています。生き物は基本的には自然死で、苦しむことなく寿命をまっとうし、病気は存在しません。よけいな諍いやこだわりもない。そんな馬たちに対し、ガリヴァーはいかに人間世界が、食べ物にしても、法制度にしても劣ったものであるかを説明します。とりわけフウイヌムがすぐれているのは「疑い」を抱かないこと。これは、そもそも馬が嘘をつかないからです。

ガリヴァーはこのあと、かなり詳しく人間界の状況を馬に説明し、そのたびに馬から呆れられます。法律がらみの揉め事から植民地政策など話題は多岐に及びますが、『ガリヴァー旅行記』全体を通して多くの読者が気になるであろう「排泄」の問題もフォーカスされ、いかに人間が余分なものを体外に出すために苦労しているかが語られたりします。

こうした経験をへてガリヴァーはすっかり馬の世界に憧れるようになり、その後、母国に帰還して家族と再会してからも嫌悪感ばかりが湧いてきます。彼の話す言葉には、彼が現地で身につけた馬のいななきのような奇妙な響きが残ったとされます。

英米文学講義

『ガリヴァー旅行記』
の読みどころ

スウィフトと母

　ジョナサン・スウィフトは1667年、ダブリンに生まれました。父ジョナサンはすでに亡く、まもなく母と別れて叔父のゴドウィンの家で養育されます。トリニティ・カレッジを卒業後、勉強を続けましたが、名誉革命の混乱に巻きこまれてイングランドに移り、そこで母と再会します。そして、その斡旋で元外交官のウィリアム・テンプルの下で働くことに。ここでスウィフトは幼いエスター・ジョンソン（愛称「ステラ」）と出会い、その家庭教師を受け持つことになります。こうして二人の生涯にわたる密接な関係が始まるわけです。

　スウィフトと母の関係にはよくわからないところがありますが、彼が女性に対して複雑な感情を抱くようになる背景にその存在があったとも言われています。『ガリヴァー旅行記』では故国イングランドの女性についての辛辣なコメントが随所に挿入されますが、人間全体に対する嫌悪感とあわせ、毒の効いた語りの土台をなしています。

　その後、スウィフトはアイルランド教会の司祭の職を得るなど、テンプルのもとを離れたこともありますが、生涯にわたってアイルランドとイングランドの間の行き来はつづきます。文人たちとの交遊も広がり、『桶物語』と『書物合戦』（ともに1704年）で注目されるとアレキサンダー・ポープやジョン・ゲイとの付き合いが始まります。

ガリヴァーの影にロビンソン・クルーソー

　『ガリヴァー旅行記』が出版されたのは1726年。『ロビンソン・クルーソー』刊行の数年後です。枠組みも似ていて、当時人気のあった旅行記をモデルに、主人公が遠方への航海の途上で遭難、驚くべき出来事を経験して、それを報告するという体裁です。スウィフトは大当たりしたデ

フォーの作品を大いに意識していたようです。

　しかし、二つの作品にはさまざまな違いもあります。中でも重要なのは、『ロビンソン・クルーソー』で中心となるのが無人島での孤独な、しかしあくまで主体的なサバイバルの話であり、他の登場人物との交流もあくまでクルーソーが主導権を握っているということです。つまり、どちらかというと自身の価値観を相手に押しつける形になっているわけです。これに対し、『ガリヴァー旅行記』ではガリヴァーが異国の文化や制度、住人の振る舞いなどを克明に観察しながら、ときには吸収さえします。フウイヌム国ではガリヴァーは、現地の人々とのかかわりを通して**イングランドの文化から距離を置き**、現地での永住を希望するようにさえなります。

　こうした違いを象徴するのは**言葉との付き合い方**でしょう。『ロビンソン・クルーソー』では、クルーソーは命を助けたフライデーを配下に置くわけですが、ふたりはどうやってコミュニケーションをとったか。当然のようにフライデーは、クルーソーの言語である英語を習得しました。一方、ガリヴァーは、どの国を訪れた際にもいち早く現地の言葉を習得します。とりわけ興味深いのは、馬の国フウイヌム。そこで馬がしゃべる言語は、馬のいななきのように聞こえるようですが、ガリヴァーはそれがすっかり気に入り、この国から離れても彼のしゃべる言葉にはその馬アクセントのようなものが残って、イングランドの馬とも会話できるようになったとされています。

観察者としてのガリヴァー

　こうした**異文化への没入**を可能にしたのは、ガリヴァーの特有の受け身性だと言えるでしょう。いずれの国でも彼はそれなりに権力者に歓待されるものの、囚われの身でもあり不自由な立場に置かれます。身体的に圧倒的に相手を凌駕していたリリパット国においてすらそうで、ましてや巨人国のブロブディンナグや、空飛ぶ島のラピュータ、馬の支配するフウイヌムなど、自身の常識が通用せず物理的な束縛の大きい土地では、相手の意向に従わざるを得ません。そのため、こちらが主導権をとり、自分の考え方や計画を相手に押しつけて支配下に収めるという植民者的な行動をとる余裕もなく、むしろ勝手のわからぬ場で、闖入者として右往左往するということになります。

しかし、この受け身性のおかげでこそガリヴァーの視線は、ときに勘違いすることもあるとはいえ、基本的には穏やかで緻密で、こまごまとした現地の事情にいちいちみずみずしい驚嘆の念を抱くという**観察者のスタンス**を得ることになります。こうした展開の背後には当時のイングランドを席巻していた、知の新しい潮流が見て取れるかもしれません。数値に基づいた位置、方角、サイズの計測、望遠鏡の使用による観察など、『ガリヴァー旅行記』では同時代の科学者が活用しつつあった認識のスタイルが、半ばパロディめかしつつも示されているのです。

　観察に基づいた認識は『ロビンソン・クルーソー』でもクルーソーのサバイバルを助けます。とりわけ、無人島を住み心地の良い「我が家」へと改造していく過程で、道具をつくったり食料を確保したりする際には、そうした目が重要になります。ただ、『ガリヴァー旅行記』ではそうした観察の目が、物理的な対象だけではなく、現地の社会や制度にも向けられていることは見逃せません。たとえば第三篇のラピュータでは、数値と幾何学の扱いに没入する学者集団の不可思議な行動を風刺的に描くことで、**科学中心主義的な価値感**そのものにも疑いの目が向けられることになります。

ガリヴァーの奇妙な嫌悪感

『ロビンソン・クルーソー』では自己が肯定され、生存本能は全開、それらを支えるキリスト教信仰も強固です。これに対し、『ガリヴァー旅行記』ではそもそも人間性に対する不信があちこちでくすぶっていて、異国の地でそうしたくすぶりに火がつくという形になっています。作品のそこここに歴史上の事件（ガイ・フォークスによる火薬陰謀事件、ピューリタン革命、南海泡沫事件など多数）へのさりげない言及（アリュージョン）がしこまれていることもそうした傾向を強めています。

　さらに、このような「不信」を鬼気迫るものにしているのが『ガリヴァー旅行記』全体に見え隠れする、奇妙なほどの嫌悪感で、これはほとんど狂気じみたものに見えます。『ガリヴァー旅行記』は、その静かな文体に経験主義と理性の融合を見るだけでは十分ではないのです。一見とぼけたような穏やかな語り口は、一皮めくるとむしろ**強烈な毒**を持ち、しかもそれはガリヴァーが拠って立つ文化的な土台そのものを根底から切り崩すような破壊性を備えています。第四篇のフウイヌム国での

物語まで読めば、これはかなりはっきりするでしょう。

　その一つのあらわれは**女性に対する嫌悪（ミソジニー）**です。女性特有の文字の書き方をあげつらうことから始まって（リリパット国）、王妃の食事風景の気持ち悪さを強調したり、侍女たちの見苦しさや性的誘惑を記述したり（ブロブディンナグ国）、ヤフーのメスがオスを誘うやり方を通し女性全体の卑しさに話を広げたり（フウイヌム国）と、ことあるごとに女性に対する蔑視が挿入されます。

　このような女性への視線はしばしば生理的な嫌悪感とセットになっており、どうも人間の持つ身体らしさを女性に代表させることで呪っているようにも見えます。そういう意味では、『ガリヴァー旅行記』の今一つのこだわりとしての、糞尿をはじめとした汚物への執着と表裏をなしているのかもしれません。ミソジニーにしても、**汚物への執着**にしても、人間の持つ身体性への過剰な「畏れ」がその根にはありそうです。

冷たい笑いと秩序の回復

　こうして見ると、『ガリヴァー旅行記』は微妙なバランスの上になりたった作品だということがわかってきます。デフォーの章でも説明したように、清教徒革命から名誉革命へと至る動乱の時代をへたイングランドは、ダイナミックな想像力の飛翔にいささか倦んでいた時代でもありました。知性の冷静さは、冷たい距離感の表れでもあり、もっといえば情緒や熱量の横溢に対して冷めた視線を向けるものでもあります。『ガリヴァー旅行記』の語りの背後には、こうした**秩序回帰への願望**があったわけです。風刺性の勝った鋭く冷たい笑いが、その本質だと言ってもいいでしょう。

　しかし、冷めた笑いとともに逸脱や過剰さを揶揄し、秩序の回復を求める姿勢の裏側に、はっきりと言葉にはならないまでもきわめて**アナーキックな衝動**や、**根源的な不安**が隠れているようにも感じられます。そうした衝動が、最終的には自分自身に向けられるかもしれないことは、今あげた身体性への過剰な「畏れ」から読み取ることができます。

　このような複雑なバランスは、スウィフト自身の心境とも呼応していたのかもしれません。政治的な活動にのめりこみながら結局うまく出世は果たせず、野心を満たすような地位にもつけなかったスウィフトは、生涯を通じて眩暈の症状にも悩まされており（おそらく「メニエール症

候群」)、『ガリヴァー旅行記』執筆時にはかなりの不満と不安を抱えていたと言われています。そんな彼の心理状態を反映するかのように、一見荒唐無稽に思える物語の随所に、病的と言ってもいいような奇妙なこだわりがあらわれ、それが『ガリヴァー旅行記』に何とも言えない緊張感を生み出しているとも言えるのです。

ガリヴァー旅行記

（…）3回めの航海はあまりうまくいかなかったので、もう海はこりご
りだという気分になった私は、妻や子供たちとともに家で過ごすつもり
でいた。オールド・ジューリィからフェター・レーンへ、さらにワッ
ピングに移ったのは、船乗りたちの診療を行おうと思ったからである。
しかし、うまくいかなかった。3年ほど様子を見たのち、アンテロープ
号の船長のウィリアム・プリチャードからの誘いを受けることにした。
南洋への航海に出るとのことだった。1699年5月4日にブリストルから出
帆、航海ははじめのうち、たいへん順調だった。

　その後の航海でどんなことがあったか、細々したことの説明で読者を
わずらわせることもないだろう。かいつまんで言えば、東インドへの航
路の途中、我々は激しい嵐にまきこまれてヴァン・ディーメン島の北
西に流されてしまったのである。観測では、南緯30度2分の位置だった。
過酷な任務と栄養失調で12人が命を落とし、残りの乗組員もすっかり
弱っていた。そして11月5日のこと。この地域では夏の始まりだが、靄
がかかっていたこともあり、半ケーブル（約90メートル）も離れていな
いところまで来てから見張りが岩礁を発見した。強風にあおられ、船は
もろに岩礁に激突、たちまち真っ二つに裂けた。私を含めた6人はボー
トをおろし、船と岩礁から逃れるべく行動をとった。だいたい3リーグ
（約15キロ）ほど漕いだだろうか、すでに消耗していたこともあり我々
はすっかり疲労困憊してしまった。仕方なく波にまかせて漂っている
と、半時間ほどたったころ、北からの突風で転覆してしまった。ボート
に一緒にいた仲間や、岩礁に逃れた人、船に残された船員がどうなった
か見当がつかないが、助かった人はいないと思われる。私はと言えば、
とにかく無我夢中で泳ぎ、波と潮に運ばれたのである。ときどき脚を伸
ばしてみたものの、底に届くことはなかった。しかし、ほとんど気を
失う寸前、これ以上泳げないというところで、足がついた。嵐はかなり
おさまっていた。勾配はなだらかで、岸にたどりつくまでにほとんど1
マイルくらい歩くことになった。だいたい夜の8時頃ではないかと思う。
そのあと、半マイル近く歩いたが、家も人もない。私はたいへん弱って

いたので、少なくとも目には何も入らなかった。とにかく疲れていた。そのことに加え、気温も高く、船で最後に半パイントのブランデーを口にしていたこともあって、とても眠くなってきた。草の上に身を横たえると、短い葉先がやわらかく感じられる。こんなにぐっすり眠ったことはないというほどよく寝た。9時間ほど寝ただろう、というのも目が覚めるとすっかり日が昇っていたのだ。私は身を起こそうとした。ところが動けない。ちょうど仰向けで寝ていたのだが、そのまま両手両足とも地面にしっかり留められている。ふさふさとした私の髪も同じように縛りつけられていた。胴体も脇の下から腿に至るまで、細い紐が何本も巻きつけられているのがわかる。上しか見られない。陽射しがだんだんと強くなり、目が辛くなった。間近から騒ぐ声が聞こえてきたが、こうして横たわっている姿勢では、空しか見えない。しばらくして、左足の上を生き物が動いているのを感じた。胸の上をそっと通り過ぎて、ほとんど喉のところまで来た。何とか視線を下に向けて確認すると、6インチにも満たない人間だということがわかった。手には弓と矢を持ち、矢筒を背負っている。その一方で、少なくとも同じような人間たちが40人（ざっと見たところだが）ほど後からついてくる。私が文字通り驚倒して激しい叫びをあげると、この人々は恐れをなして一斉に逃げ出した。あとで聞いたところでは、そのうちの何人かは私の脇腹から地面に飛び降りた際に怪我をしたそうである。しかし、彼らはまもなく戻ってきて、そのうちの一人は果敢にも近づいてきて私の顔の全体をじっくり見渡してから、賛嘆の意をこめて手と目とを振り上げ、甲高い声ではっきりと「ヘキナー　デグル」と叫んだ。他の人たちも何度かその言葉を繰り返したが、どういう意味かわからなかった。読者もおわかりだろうが、私は寝転がったままとにかく不安だった。そしてもがいた末、ついに何とか紐を断ち切り、左腕を地面に留めていた杭を引っ張り出すことができた。左腕を顔に近づけてみると、どうやって連中が私を縛りつけていたかがわかった。また、これは激しい痛みも伴ったのだが、思いきり引っ張ることで左側の髪を地面にゆわえつけていた紐も幾分緩めることができた。これで2インチほど頭を回すことができるようになった。しかし、人間たちはまた逃げ出したので、捕まえることはできなかった。ここで甲高い大きな叫び声があがり、それにつづいて誰かが「トルゴ　フォナック」と声をあげるのが聞こえた。するとすぐ、百本ほどの矢が私の

左手に向けて放たれたのがわかった。ちくちくと縫い針に刺されたように感じる。彼らはさらに矢を放った。さながらヨーロッパの大砲のようだった。そのうちの多数は私の体に降ってきて（私には何も感じられなかったが）、顔にまで届くものもあったので、私はすぐに左の手で顔を覆った。雨あられと矢が降り注ぐのが途絶えると、私は辛いのと痛いのとでうめき声をあげはじめた。そして身をふりほどこうと再びもがくと、連中ははじめよりも大型の矢を放ち、中には槍で私の脇腹を突こうとする者もいた。しかし、運良く私は革の上着を着ていたので、突き通すことができない。こうなったらおとなしくしていた方が身のためだと思った。夜までそうしていれば、すでに左腕の自由がきくわけだし、簡単に身をふりほどくことができるはずとのもくろみだった。この住人たちに関して言えば、もしみんながあの程度の背丈しかないなら、どんな巨大な軍勢で攻めてきても打ち勝てるのではないかとも考えた。しかし、私が考えたのとは異なる展開が待っていた。私がおとなしくしているのがわかると、向こうも矢を放つのをやめたが、物音から察するに兵隊の数は増えているようだった。そして4ヤードほどのところ、右耳の上のあたりで1時間ほどこつこつという音が聞こえていた。何かを作っているようだ。何とか杭と紐が許す限りそちらに頭を向けてみると、1フィート半ほどの高さの演台が作られている。梯子が何本か立てかけられ、4人ほどが乗ることができそうだった。そこから、いかにも身分の高そうな人が私に向かって長々と演説をしてきた。何を言っているのか、一言もわからない。念のため、この重要人物は演説をはじめる前、3回ほど「ラングロ　デフル　サン」と叫んでいたこともつけ加えておいた方がいいだろう（先の言葉とともにこの言葉は後に再び口にされ、私は説明を受けることになる）。この言葉に応じてすぐ、50人ほどがやってきて私の頭部の左側をとめていた紐を切ってくれたので、右を向いて演説する人に目をやり、身のこなしを観察することができるようになった。この人は年の頃は中年。3人の付き人よりも長身だった。そのうちの1人は従者で、彼の衣服の裾を持ち上げている。背丈は私の中指より少し長いという程度だった。残りの2人は両側から脇を固めていた。いかにも弁士然とした演説だった。威圧的な言葉をさんざん振りかざしておいて、何らかの約束をかわそうとしたり、憐れむ風になったり、やさしくしてきたりする。私の返答はごく短いものではあったが、なるべく

従順そうにしてみせた。左手を持ち上げ、両の目で太陽を見仰ぐさまは、その名の元に誓いを立てるかのようだっただろう。船にいたときからしばらく何も食べていなかったので、私はとにかく腹ペコで、もう我慢ができず何とかしてほしいという気持ちで（品のないことこの上ないのだが）指をちょこちょこと口にやり空腹ぶりを示した。その「フルゴ」は（後で知ったところによると、それが偉大な指導者を示す名称だった）私の言いたいことをよくわかってくれた。演台から降りると、私の脇腹に何本も梯子をかけるように命じた。その梯子を百もの人間が上り、私の口に近づいてきた。彼らの手は、肉を詰めこんだ籠を下げている。私のことを知って、王がすぐに命じて用意させ、運ばせたのだ。肉は何種類にも及んだようだが、味だけでは判別がつかなかった。部位は肩や足、腰で、羊肉のような形をしており、よく味付けしてあったが、大きさはひばりの羽根より小さい。私はこうした部位を二つも三つもひと口で飲み込み、マスケット銃の弾丸ほどの食べ物の塊を三つ一度に手に取った。（…）

（筆者訳）

Gulliver's Travels

(...) ①The last of these Voyages not proving very fortunate, I grew weary of the Sea, and intended to stay at home with my Wife and Family. I removed from the *Old Jewry* to *Fetter Lane,* and from thence to *Wapping,* hoping to get Business among the Sailors; but it would not ②turn to account. ③After three Years Expectation that things would mend, I accepted an advantageous Offer from Captain *William Prichard,* Master of the *Antelope,* who was making a Voyage to the *South Sea.* We set sail from *Bristol, May* 4th, 1699, and our Voyage was at first very prosperous.

It would not be proper for some Reasons, to trouble the Reader with the Particulars of our Adventures in those Seas; ④Let it suffice to inform him, that in our Passage from thence to the *East Indies,* we were driven by a violent Storm to the North-west of *Van Diemen*'s Land. By an Observation, we found ourselves ⑤in the Latitude of 30 Degrees 2 Minutes South. Twelve of our Crew were dead

---

語 彙

- be weary of ... :「～にうんざりしている」
- thence :「そこから」。ここでは場所を示すが、時や理由を示すこともある。(古)。
- sailor :「船員」
- mend :(自)「(事態が) よくなる」
- the Antelope :元の意味は「レイヨウ」。ここでは船の名前。
- prosperous :「順調な」
- proper :「妥当な」
- trouble ... with ～ :「... を～で困らせる、負担をかける」
- passage :「航海」
- observation :「観察」「観測」
- latitude :「緯度」

①**構文注意。**

　ここは分詞構文と考えます。主部は The last of these Voyages で主節の主語とは異なるので、このように示されています（「最後の航海は不運続きだったため」）。従属節で書き換えると、Since the last of these Voyages did not prove very fortunate のような形になります。

②**自動詞・他動詞の用法に注意。**

「利益につながる」。ここでの turn は（自）で古い用法。この意味での用法は、現在では turn を（他）として使い、turn ... to account で「〜を活用する、〜から利益を得る」の意となります。

③ **would の用法に注意。**

「事態が改善することを願う」。Expectation の内容は過去のことなので、時制の一致で will が would となっています。

④ **let の用法に注意。**

　let は使役動詞「させる」で、let's go(= let us go) の let と同じく〈let+目的語（人）＋原形不定詞〉の文型で「〜に…させる」という意味になります。let us go の場合は「私たちに行かせよう」→「さあ、行こう」という意味になるわけですが、let it suffice to say 〜の場合は、it が仮目的語で、その裏に to say という不定詞部分が隠れていますから、直訳すると「〜と言うのをもって、十分となること（to suffice）にしておこう」→「〜と言っておこう」との意味になります。

　let's ... と同じく、この表現はかなり慣用的なもので、使役の意味はそれほど強くなく話者にも聞き手にも意識されません。また、let it suffice to say は今ではやや持って回った古めかしい言い方に聞こえます。

⑤**位置情報の表現に注意。**

　latitude は「緯度」。「経度」は longitude。なお、以下のような表現にも注意。

　the cold latitudes「寒冷地」

by immoderate Labour, and ill Food; the rest were in a very weak Condition. ⑥ On the 5th of November, which was the Beginning of Summer in those Parts, the Weather being very hazy, the Seamen spied a Rock, within half a Cable's length of the Ship; but the Wind was so strong, that we were driven directly upon it, and immediately split. Six of the Crew, of whom I was one, having let down the Boat into the Sea, made a Shift to get clear of the Ship, and the Rock. We rowed by my Computation, ⑦about three Leagues, till we were able to work no longer, being already spent with Labour while we were in the Ship. We therefore trusted ourselves to the Mercy of the Waves; and in about half an Hour the Boat was overset by a sudden Flurry from the North. What became of my Companions in the Boat, as well as of those who escaped on the Rock, or were left in the Vessel, I cannot tell; but conclude they were all lost. For my own Part, ⑧I swam as Fortune directed me, and was pushed forward by Wind and Tide. I often let my Legs drop, and could feel no Bottom: But when I was almost gone, and able to

---

語 彙

- immoderate：「際限の無い」（古）
- hazy：「もやのかかった」
- spied：（他）spy の過去形。「見つける」。
- cable's length (=cable length)：海事用語。608 フィート (約 185m)。cable は「錨綱」。
- split：（他）「裂く」「割る」ここでは受動態。
- make a shift：make a shift to ～で「急いで～する」（古）。
- get clear of ...：「... を離れる」
- computation：「計算」「算定」
- league：「リーグ」（距離の単位。1 リーグ＝ 4.8km)
- trust ... to ～：「～に ... を預ける」。ここでは「身を預ける」の意。
- mercy：「慈悲」。上記とあわせ、「波に身をまかせる」の意。
- in about half an hour：「半時間のうちに」
- overset：（他）「転覆させる」
- flurry：「突風」
- companions：「仲間」
- tide：「潮の流れ」

high (low) latitudes「高緯度（低緯度）地帯」

⑥**11月5日に注意。**

　スウィフトはアイルランド生まれとはいえ、英国国教会系の家庭に育ち、自身も国教会につらなるアイルランド教会の牧師となった人です。プロテスタント系の彼にとって、11月5日は特別な意味を持っていたと言われます。というのも、この日は「ガイ・フォークスの日」として知られているからです。カトリック教徒だったガイ・フォークス（Guy Fawkes 1570-1606）は、1605年11月5日に国会議事堂を爆破し、国王ジェームズ一世と議員たちを殺そうと計画しました。しかし、事前に発覚、首謀者のフォークスは翌年処刑されます。いわゆる火薬事件（Gunpowder Plot）です。国王の無事を祝って11月5日はその後は記念日となり、たき火をしたり、花火をあげたりする習わしが生まれましたが、今ではもっぱら花火を打ち上げるお祭りとして知られています。（原田範行ほか著『『ガリバー旅行記』徹底注釈（注釈篇）』など参照）

⑦**距離の表現に注意**

　1 mile ＝ 1760 yard ＝ 5280 feet ＝ 1609.344meter

　ただし、これは陸上用の land mile で、nautical mile「海里」は、1 mile=1852 m（もとは1853.2m）

⑧**ここでの as の用法に注意。**

　様態を示す as。「運命が導くままに泳いだ」という意味になります。

　接続詞の as にはさまざまな用法があるので、ときどき確認しておくといいでしょう。主なものは下記の通り。

　　☞「時」「〜するとき」（同時性が強い）
　　☞「様態」「〜するように」「やり方」を示す
　　☞「原因・理由」「〜なので」
　　☞「比較」　as …as 構文で「〜と同じくらい…」
　　☞「比例」「〜するにつれて」
　　☞「対照」「〜であるが（一方）」

struggle no longer, I found myself within my Depth; and by this Time the Storm was much abated. The Declivity was so small, that I walked near a Mile before I got to the Shore, which I conjectured was about Eight o'Clock in the Evening. I then advanced forward near half a Mile, but could not discover any Sign of Houses or Inhabitants; at least I was in so weak a Condition, that I did not observe them. I was extremely tired, and ⑨with that, and the Heat of the Weather, and about half a Pint of Brandy that I drank as I left the Ship, I found myself much inclined to sleep. I lay down on the Grass, which was very short and soft; ⑩where I slept sounder than ever I remember to have done in my Life, and as I reckoned, about Nine Hours; for when I awaked, it was just Day-Light. I attempted to rise, but was not able to stir: For as I happened to lie on my Back, I found my Arms and Legs were strongly fastened on each Side to the Ground; and my Hair, which was long and thick, tied down in the same Manner. ⑪I likewise felt several slender Ligatures across my Body, from my Armpits to my Thighs. I could only look upwards; the sun began to grow hot, and the Light offended my Eyes. I heard a confused Noise about me, but in the Posture I lay, could see nothing except the Sky. In a little time

---

語 彙

• declivity：「下り勾配」。The declivity was small は地面の傾斜が小さく、遠浅ということ。
• conjecture：（他）「推測する」
• inhabitant：「住人」
• brandy：「ブランデー」
• inclined to：incline ... to do で「... に〜したいと思わせる」。この場合は inclined to sleep で「眠たくなった」。
• sounder：sound（副）「ぐっすりと」
• reckon：（他）「計算する」「判断する」
• stir：（自）「身動きする」
• fastened：fasten（他）は「しっかり固定する」。
• thick：「（髪などが）濃い」
• ligature：「ひも」
• thigh：「ふともも」
• confused：confuse（他）は「混乱させる」。ここでは confused で「混乱した」の意。

⑨ with の用法に注意。

　ここの with は原因・理由を示す。「〜のために」「〜のせいで」。that は直前の I was extremely tired を指すので、「そのせいで（疲れのせいで）」の意味になります。また that に加えて、the Heat of the Weather と about half a Pint of Brandy ... も with に続きます。

⑩構文に注意。

　than は sleep の様態を比較しています。done = slept。remember to have done「〜したことを覚えている」なので、「これまで覚えているどんな眠りよりも」というニュアンスとなります。

⑪焦点の移行に注意。

　Body, Armpits ... といった身体感覚から、太陽光の熱さ (the sun began to grow hot)、光の強度 (the Light offended my Eyes.)、音、視界とめまぐるしく感覚の焦点が移った挙げ句、何やらのそのそと自分の上を動くものがいるという原始的な知覚に注意が向きます。

I felt something alive moving on my left Leg, which advancing gently forward over my Breast, came almost up to my Chin; when bending my Eyes downwards as much as I could, ⑫I perceived it to be a human Creature not six Inches high, with a Bow and Arrow in his Hands, and a Quiver at his Back. In the mean time, I felt at least Forty more of the same Kind (as I conjectured) following the first. I was in the utmost Astonishment, and roared so loud, that they all ran back in a Fright; and some of them, ⑬as I was afterwards told, were hurt with the Falls they got by leaping from my Sides upon the Ground. However, they soon returned; and one of them, ⑭who ventured so far as to get a full Sight of my face, lifting up his Hands and Eyes by way of Admiration, cried out in a shrill but distinct Voice, *Hekinah Degul*: the others repeated the same Words several times, but then I knew not what they meant. I lay all this while, as the Reader may believe, in great Uneasiness: At length, struggling to get loose, I had the Fortune to break the strings, and wrench out the Pegs that fastened my left Arm to the Ground; for, by lifting it up to my Face, I discovered the Methods they had taken to bind me; and, at the same time, with a violent Pull, which gave me excessive Pain, I a little loosened the Strings that

---

語 彙

- advancing：advance（自）は「前進する」。ここでは advancing gently forward over my breast を挿入ととる。
- bend：「（目、耳などを）〜に向ける」（他）
- bow and arrow：「弓と矢」
- quiver：「矢筒」
- astonishment：「驚き」
- roar：（自）「大声をあげる」
- fright：「恐怖」「驚き」
- admiration：「讃嘆」
- shrill：「甲高い」
- uneasiness：「不安」
- at length：「ついに」
- peg：「とめくぎ」「かけくぎ」
- bind：（他）「拘束する」
- excessive：「極端な」「大きな」

⑫構文に注意。

☞ **I perceived it to be a human creature not six inches high**

 perceive A to be B A が B であることがわかる

 「それが6インチにも満たない背丈の人間だとわかった」

 perceive は feel, see, hear などのいわゆる「知覚動詞」と使い方が似ていますが、この例のように「～だとわかる」の意味の場合は、to 不定詞をとります。

 前項でも触れたように『ロビンソン・クルーソー』と同じく『ガリヴァー旅行記』でも知覚や認知を表す動詞がよく出てきますが、これは見知らぬ世界に足を踏み入れた主人公が、自分の感覚や認識のあり方に敏感になっているからでしょう。著者は主人公のそうした体験を表現するため、語句の使い方にもさまざまなヴァリエーションをつくり単調さを避けています。

⑬ as の用法に注意。

「～する限りでは」。つまり「私があとできいたところでは」という意味になります。

 先行する一節の意味を「限定」していると考えられます。

⑭下線部の意味に注意。

「私の顔がぜんぶ見えるくらいまで」という意味になります。so ～ as to do ...「…するくらいまでに～」という構文です。

tied down my Hair on the left side; so that I was just able to turn my Head about two Inches. But the Creatures ran off a second time, before I could seize them; ⑮whereupon there was a great Shout in a very shrill Accent; and after it ceased, I heard one of them cry aloud, *Tolgo Phonac*; ⑮when in an instant I felt above a Hundred Arrows discharged on my left Hand, ⑮which pricked me like so many Needles; and besides, they shot another Flight into the Air, as we do Bombs in *Europe*; ⑮whereof many, I suppose, fell on my Body, (though I felt them not) and some on my Face, ⑮which I immediately covered with my left Hand. When this Shower of Arrows was over, I fell a groaning with Grief and Pain; and then striving again to get loose, they discharged another Volley larger than the first; and some of them attempted with Spears to stick me in the Sides; but, by good Luck, I had on me a Buff Jerkin, which they could not pierce. ⑯I thought it the most prudent Method to lie still; and my Design was ⑰to continue so till Night, when

---

語 彙

- ran off : run off は「逃げる」。
- seize : (他)「つかまえる」
- whereupon :「そこで」「そのとき」
- cease : (自)「やむ」
- in an instant :「一瞬のうちに」
- discharged : discharge (他) は「発射する」。
- prick : (他)「ちくりと刺す」
- so many :「同数の」「それだけの数の」
- besides :「それに加えて」
- flight :「(矢などの一回の) 飛行」の意。shot another flight で「もう一回発射した」。
- whereof :「そのうちの」
- fell a groaning : fall to doing/ fall a-doing で「〜しはじめる」の意 (古)。groan (自) は「うめき声をあげる」→「うめき声を上げはじめる」。
- buff :「(牛などの) 黄褐色のもみ皮」
- jerkin :「革製の短い男用上着」
- pierce : (他)「刺し貫く」
- prudent :「慎重な」「分別のある」
- design :「計画」

⑮**関係詞の効果に注意。**

『ガリヴァー旅行記』では関係詞が多用されています。この一節も、関係代名詞や関係副詞をうまく使うことで、接ぎ木するようにどんどん節がつらなる構造になっています。

　一般に関係詞を使いすぎると文の要素のつながりが複雑になってわかりにくくなる印象があるかもしれませんが、ここでは非制限用法の関係詞が多いので、関係詞が出てくるたびにひと呼吸入り、むしろ物事の流れが整然と整理されます。先へ先へと話が進む感じが実感できます。

＊非制限用法の関係詞は、限定用法の関係詞と違って先行詞を限定するわけではなく、あくまで補足的に説明します。従って、意味をとるときにも「そしてそれが」「そしてそのとき」といったように切れ目を入れながら理解するといいでしょう。

⑯**構文に注意。**

　主語・動詞・目的語・目的補語という構造です。ただし、目的語の it は、後続の to lie を示す仮目的語です。「〜するのが一番賢い」と考えた、という意味になります。

　なお、このように仮目的語をおいて、真の目的語を後置する用法は英語ではごく一般的ですが、使い方によっては「情報の後出し」や「整理」のニュアンスも出て、どことなく秩序だった落ち着いた語りという印象を与えるかもしれません。

⑰ **to 不定詞の用法に注意。**

　名詞用法。Design（計画）の内容を説明しています。to continue so till Night で「夜までこのままの状態を続けること」。

my left Hand being already loose, I could easily free myself: And as for the Inhabitants, I had Reason to believe I might be a Match for the greatest Army they could bring against me, if they were all of the same Size with him that I saw. But Fortune disposed otherwise of me. When the People observed I was quiet, they discharged no more Arrows: But, by the Noise increasing, I knew their Numbers were greater; and about four Yards from me, over against my right Ear, I heard a Knocking for above an Hour, like People at work; when turning my Head that Way, as well as the Pegs and Strings would permit me, I saw a Stage erected about a Foot and a half from the Ground, capable of holding four of the Inhabitants, with two or three Ladders to mount it: From whence one of them, who seemed to be a Person of Quality, made me a long Speech, whereof I understood not one Syllable. But I should have mentioned, that before the principal Person began his Oration, he cried out three times, ⑱*Langro dehul san*: (these Words and the former were afterwards repeated and explained to me.) Whereupon immediately about fifty of the Inhabitants came, and cut the Strings that fastened the left side of my Head, which gave me the Liberty of turning it to the right, and of observing the Person

---

語 彙

- match：「～と釣り合う人」
- dispose of ...：「... を処理する」
- otherwise：「別なふうに」。ここでは「運命は私を別の形でとりはからった」＝「思ったのとは違う展開が待っていた」の意。
- capable of ...：「... できる」。後に ing 形をとる。
- mount：（他）「のぼる」
- of quality：「地位のある」
- syllable：「音」「音節」
- oration：「演説」
- the liberty of ...：「... する自由」

⑱**外国語の使用に注意。**

　イタリック体の使用には基本的なルールがあります。文中では「強調するとき」、そして「外国語であることを示すとき」です。今回の引用箇所でも現地の人がガリヴァーには意味のわからない言語を使用していることがややコミカルに強調されていますが（I understood not one Syllable）、それだけでなく、その外国語の言葉の音も示されてもいます。こうした語の背後にフランス語やギリシャ語の単語の影を探そうとする試みも研究者によって行われてきました。なお、本や雑誌のタイトルもイタリック体になります。

and Gesture of him ⑲who was to speak. He appeared to be of a middle Age, and taller than any of the other three who attended him; whereof one was a Page, who held up his Train, and seemed to be somewhat longer than my middle Finger; the other two stood one on each side to support him. He acted every part of an Orator; and I could observe many Periods of Threatenings, and others of Promises, Pity, and Kindness. I answered in a few Words, but in the most submissive Manner, lifting up my left Hand and both my Eyes to the Sun, ⑳as calling him for a Witness; and being almost famished with Hunger, ㉑having not eaten a Morsel for some Hours before I left the Ship, I found the Demands of Nature so strong upon me, that I could not forbear showing my Impatience (perhaps against the strict Rules of Decency) by putting my Finger frequently on my Mouth, to signify that I wanted Food. The *Hurgo* (for so they call a great Lord, ㉒as I afterwards learnt) understood me very well: He descended from the Stage, and commanded that several Ladders should be applied to my Sides, on which above a hundred of the Inhabitants mounted, and walked towards my Mouth, laden with Baskets full of

語 彙

- page：「従者」
- train：「（衣服の）すそ」
- somewhat：「いくぶん」
- orator：「演説者」
- submissive：「おとなしい」「従順な」
- famished：「腹ペコの」
- morsel：「（食べ物などの）ひとくち分」
- forbear：「我慢する」「さしひかえる」
- impatience：「我慢のできなさ」
- decency：「ふるまいの上品さ」「行儀よさ」
- descend：（自）「下りる」

⑲ **to 不定詞の用法に注意。**

　予定を表す be to 不定詞。「～する予定の」。

⑳ **as の用法に注意。**

　様態を示す as で、「ちょうど～する形で」という意味になります。to call+ 人 + for a witness/to witness は「…を証人として呼ぶ」「証明してもらう」という意味の慣用的表現なので、全体の意味としては「天を証人として呼ぶかのように」となります。

　ここではその大袈裟さのために滑稽な感じが出ています。

㉑**文法に注意。**

　理由をあらわす分詞構文です。「何時間も何も食べていなかったので」という意味になります。

㉒ **as の用法に注意。**

　すでに⑬でも既出ですが、「～する限りでは」「私があとできいたところでは」という意になります。

　as にはこのように先行する節の全体やその一部について、挿入的に説明する一節を接続詞として導く用法があります。『ガリヴァー旅行記』ではこのような一言が入ることで間ができて、叙述がやや脱線的でとぼけた感じになるところがよくあります。これは、こうした挿入によって視線が逸れることで没入や緊張に水が入り、さりげなく脱力感が生み出されているためでしょう。

Meat, which had been provided, and sent thither by the King's Orders upon the first Intelligence he received of me. I observed there was the Flesh of several Animals, but could not distinguish them by the Taste. There were Shoulders, Legs, and Loins shaped like those of Mutton, and very well dressed, but smaller than the Wings of a Lark. I ate them by two or three at a Mouthful; and took three Loaves at a time, about the bigness of Musket Bullets.

『ガリヴァー旅行記』

オックスフォード大学出版局から刊行されたクロード・ローソンとイアン・ヒギンズ編の

ワールズ・クラシックス版（2008年）から引用。

語 彙

- thither：「そこへ」
- intelligence：「情報」。ここでは「私のことを知るやいなや」というニュアンスになっている。
- flesh：「肉」
- loin：「腰肉」「ロイン」
- mutton：「羊肉」（子羊は lamb）
- lark：「ひばり」
- mouthful：「口いっぱい」
- loaves：単数形は loaf。「（長方形の食べ物の）塊」の意。
- musket：「マスケット銃」

『ガリヴァー旅行記』を
より深く読む

風刺と寓話

『ガリヴァー旅行記』はさまざまな受け取り方のできる作品です。子供向けの絵本や縮約版を通して接した人なら、まずは奇想天外なファンタジーとしてこの物語を読んだかもしれません。

　しかし、完全版を手に取ってみると、かなり印象は違います。たしかに小人の国や巨人の国が出てきて、さらには空飛ぶ島とか馬が支配する国とか、いずれもあっと驚く展開なのですが、そうした設定の背後にはスウィフトが生きたイングランドの現実が暗示されており、事情のわかった人なら「ああ、あのことか」と思わずニヤリとします。

　たとえば第三篇の空飛ぶ島ラピュータは、17世紀に設立された王立協会を皮肉っていると読めます。王立協会は科学者の集まりですが、そこに集う浮世離れした人々が、空にぷかぷか浮かぶ島で思弁にふけり人と話すことさえ忘れるラピュータの人々を通して描き出されているというわけです。ニュートンをはじめ実在の人物を思い起こさせるような逸話もあちこちに挿入されています。邦訳でもたいていはこうした背景事情の説明を簡潔に付してあるので参考にしてください。

　このような風刺的な読みとも重なりますが、この作品は寓話として読むことも可能です。寓話の場合、物語を字義通りに受け取るのではなく、その背後にメッセージを読み取ることが勘どころになります。たとえばブロブディンナグ国にたどり着いたガリヴァーが、自分を大きく見せようとすることのみじめさについて語る場面があります。

This made me reflect, how vain an Attempt it is for a Man to endeavour to do himself Honour among those who are out of all Degree of Equality or Comparison with him. And yet I have seen the Moral of my own Behaviour very frequent in England since my Return; where a little contemptible Varlet, without the least Title to Birth, Person, Wit, or common Sense, shall presume to look with Importance, and put himself upon a Foot with the greatest Persons of the Kingdom.

> それで私は、自分の身の丈とまるで合わない人と張り合っても仕方がないものだとつくづく思いました。ところがイングランドに帰ってみると、まさに私の行動から得られる教訓がそのまま当てはまるようなケースを目の当たりにしました。どうということのない召使が、生まれも容姿も知力も分別もとりたててないのに、偉そうに見えようとして、王国の中枢にいる重要人物たちの向こうを張ろうとしているのです。

　巨大な人々に囲まれ無力感に苛まれたガリヴァーだからこそ、このように "a little contemptible varlet" に目を向けることにもなったのでしょうが、こうしたガリヴァーの見解を物語全体の設定に重ねて読むこともできます。権力や財力などによって人間は大きくも小さくも見える。そうした現実社会のありようが、小人に囲まれて身を持て余したり、逆に巨人に捕らえられて見世物にされたりするガリヴァーのあたふたする姿を通してあらためて私たちにつきつけられた、という読みがそこからは導き出せます。『ガリヴァー旅行記』ではあちこちにこうした悟りや認識がちりばめられているので、それらにヒントを得ながら教訓やメッセージの宝庫としてこの作品を読むことは十分に可能でしょう。

語りの温度と明晰さ

　しかし、何と言っても『ガリヴァー旅行記』を魅力的な作品にしているのは、さまざまな要素の拮抗です。まず気がつくのは独特な冷めた語り口。ベースには当時流行していた旅行記の淡々とした報告調や、経験主義的な観察者の視線があります。

> It would not be proper for some Reasons, to trouble the Reader with the Particulars of our Adventures in those Seas; let it suffice to inform him, that in our Passage from thence to the East Indies, we were driven by a violent storm to the North-west of Van Diemen's Land. By an Observation, we found ourselves in the Latitude of 30 Degrees 2 Minutes South. Twelve of our Crew were dead by immoderate Labour and ill food; the rest were in a very weak Condition.

その後の航海でどんなことがあったか、細々したことの説明で読者をわずらわせることもないだろう。かいつまんで言えば、東インドへの航路の途中、我々は激しい嵐にまきこまれてヴァン・ディーメン島の北西に流されてしまったのである。観測では、南緯30度2分の位置だった。過酷な任務と栄養失調で12人が命を落とし、残りの乗組員もすっかり弱っていた。

　引用の冒頭の "It would not be proper, for some Reasons, to trouble the Reader with the Particulars of our Adventures in those Seas; let it suffice to inform him..." といったてきぱきとした情報の省略の身振りはこの旅行記のあちこちで見られるもので、"Latitude of 30 Degrees 2 Minutes South" などの数値の列挙とあわせ、疑似実務性の強調にもつながります。
　難破の場面にしても、ロビンソン・クルーソーが溺れそうになるところの描写に比べるとはるかにあっさりしていて、命からがら陸地にたどり着いたという切迫感はあまりありません。

> For my own Part, I swam as Fortune directed me, and was pushed forward by Wind and Tide. I often let my Legs drop, and could feel no Bottom; but when I was almost gone, and able to struggle no longer, I found myself within my Depth; and by this Time the Storm was much abated. The Declivity was so small, that I walked near a Mile before I got to the Shore, which I conjectured was about Eight o'Clock in the Evening.

> 私はと言えば、とにかく無我夢中で泳ぎ、波と潮に運ばれたのである。ときどき脚を伸ばしてみたものの、底に届くことはなかった。しかし、ほとんど気を失う寸前、これ以上泳げないというところで、足がついた。嵐はかなりおさまっていた。勾配はなだらかで、岸にたどりつくまでにはほとんど1マイルくらい歩くことになった。だいたい夜の8時頃ではないかと思う。

　デフォーではいつ終わるとも知れない文章が延々と続き、混沌とした時間感覚や意識の混濁が表現されていたわけですが、スウィフトの遭難場面では文がきちんと整理され、よけいな修飾語もなく、必要最小限の情報だけが提示されてとても明晰です。

このように抑制の効いた簡潔な言葉で語ればこそ、不条理なガリヴァー捕獲の様子には明瞭な輪郭が与えられ、加えて、どことなく笑いや安心感を誘うような白々とした日常性も与えられます。

In a little time I felt something alive moving on my left Leg, which advancing gently forward over my Breast, came almost up to my Chin; when bending my Eyes downwards as much as I could, I perceived it to be a human Creature not six Inches high, with a Bow and Arrow in his Hands, and a Quiver at his Back. In the mean time, I felt at least Forty more of the same Kind (as I conjectured) following the first. I was in the utmost Astonishment, and roared so loud, that they all ran back in a Fright; and some of them, as I was afterwards told, were hurt with the Falls they got by leaping from my Sides upon the Ground.

しばらくして、左足の上を生き物が動いているのを感じた。胸の上をそっと通り過ぎて、ほとんど喉のところまで来た。何とか視線を下に向けて確認すると、6インチにも満たない人間だということがわかった。手には弓と矢を持ち、矢筒を背負っている。その一方で、少なくとも同じような人間たちが40人（ざっと見たところだが）ほど後からついてくる。私が文字通り驚倒して激しい叫びをあげると、この人々は恐れをなして一斉に逃げ出した。あとで聞いたところでは、そのうちの何人かは私の脇腹から地面に飛び降りた際に怪我をしたそうである。

『ガリヴァー旅行記』の最大の特徴は、物語の設定がファンタジー的でありながら、そこに驚くほど崇高さや過剰さが欠如しているということなのです。たとえば私たちがよく知る現代のSFやファンタジーは、超越的な存在や闇の勢力、無限の広がり、解けない謎といった、果てしなさと奥行きを感じさせるロマン主義的崇高さに拠っていることも多いのですが（そういう意味ではゴシック小説の流れを感じさせます）、『ガリヴァー旅行記』はあくまで即物的で、脱力感さえ感じさせます。上に引用した箇所でも、小人を目のあたりにしてガリヴァーがびっくり仰天する場面など、ガリヴァーの驚きを描いているわりには文章の佇まいはあくまで静かで、叙述そのものもきれいに整理されています。(I was in the utmost Astonishment, and roared so loud, that they all ran back in a Fright; and some of them, as I was afterwards told, were hurt with the Falls they got by leaping from my Sides upon the Ground.) この箇所の "as I was afterwards told" のような挿入は、進行中の事態を相対化して複眼的な視線を呼びこみます。その結果、話の流れに呑み込まれるかわりに距離を置くようなスタンスが示される。つまり、起きている事態を、外から見るような冷静な視点が生まれるのです。

正直さ vs 取りすまし

　18世紀終わりから19世紀にかけてのロマン主義の文学では、語りの内容と形式とが一致することが重要視されました。それを支えたのは「正直さ」(sincerity) という理念で、表で言っていることと裏に隠し持たれたこととがずれることは嫌われたわけです。率直に内面をさらけ出すことこそを、ロマン派の文学者は目指しました。これに対し、今のような複眼的な視線は、表／裏や形／内容のずれや乖離を生み出します。

　実は18世紀はまさにそうした「取りすまし」が全盛となった時代でもありました。デフォーの章やこのあとのオースティンの章でも説明があるように、この時代、経済的に成功して上層階級へと成り上がろうとする人が増えたこともあって、ワンランク上のライフスタイルや作法をいかに身に着けるかが人々の関心を集め作法書などの出版が盛んになっています。小説もそうした作法の指南役の一翼を担ったわけですが、そんな中でいかに体裁を取り繕うか、いかに形式を整えるかに過大な注目が集まり、次第に「偽善」が問題にもなってきます。その反動としてロマン派の時代に「取りすまし」や「偽善」を排する「正直さ」の理念が貴ばれるようになったわけです。

　『ガリヴァー旅行記』は動乱の時代が終わったばかり、まだまだ秩序回復への期待の大きかった18世紀初頭に書かれた作品ですから、それだけに冷静さとも「取りすまし」とも取れる文体には必然性があったのでしょう。しかし、作品背景のセクションでも触れましたが、疑似科学的な精緻さや淡々とした穏やかな記述のそこここから、正直な――ほとんど狂気じみた――こだわりが漏れだしてくるのがスウィフトの特徴でもあります。それを簡単に「魅力」と呼んでしまうのがはばかられるほどに、その異様な偏向は瞠目に値するものです。

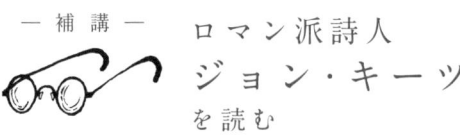

― 補 講 ―　ロマン派詩人
ジョン・キーツ
を読む

大理石が喚起した想像の世界

　ロンドンの大英博物館といえば、まず思い浮かぶのはエジプトのミイ
ラです。しかし、それに劣らぬ名物として、造形美術の逸品があります。
すなわち、「エルギンの大理石」（Elgin marbles）――アテネのパルテノ
ン神殿を飾っていた彫刻群です。19世紀の英国外交官トマス・ブルース・
エルギン（1766-1841）の主導で発掘されたこの一連の浮き彫りは、アテ
ネからはるばる海路で英国に運ばれ、以来、古代ギリシャ美術の優美さ
を示す貴重な遺物として大英博物館に展示されてきました。

　ところで、1817年、英国に到着したばかりのこの「エルギンの大理石」
に大いに想像力を刺激された一人の若者がいました。ロマン派の詩人
ジョン・キーツ（1795-1821）です。結核を患い、若くしてこの世を去っ
たキーツは薄幸の詩人として知られますが、そのキーツが短い生涯で残
した傑作詩のひとつに「ギリシャ壺に寄せるオード」（'Ode on a Grecian
Urn'）（1819）というものがあります。「オード」とは古代ギリシャ以来
の詩の様式で、原義は「歌」。しかし、ロマン派のころには、特定の対
象を褒めたたえつつ感情的に高まるという点が際立つようになります。
キーツには「秋へのオード」、「小夜鳴き鳥（ナイチンゲール）へのオー
ド」など〝偉大なるオード群〟と呼ばれる一連の作品があり、「ギリシャ
壺に寄せるオード」もそのひとつです。壺の絵柄に魅了された詩人がそ
の描写に引きこまれ、真実と美をめぐる瞑想にふけるという作品です。
「エルギンの大理石」は、その着想の元になったと言われています。

　確かにこの大理石は雄弁です。石に刻まれた美しい肢体の美男美女
は、まるで生きた人間のように今にも動き出しそうに見え、「その先」
を思い浮かべさせる喚起力に満ちています。しかし、石の何よりの魅力
は、これだけ表現力豊かなのにそれが一切声を発しないということで
す。雄弁なる寡黙さ。日本人の美意識にも通ずるような、「引き」の美
学です。作品中、キーツはこんなふうに語ります。

Heard melodies are sweet, but those unheard

    Are sweeter; therefore, ye soft pipes, play on;

Not to the sensual ear, but, more endear'd,

    Pipe to the spirit ditties of no tone;

耳に聞こえる音楽も美しいが、耳に聞こえない音楽は

    より美しい　だから甘美な笛よ　奏でよ

肉体の耳にではなく　もっと慕わしいもの

    魂へと　音のない調べを

　とくに「耳に聞こえる音楽も美しいが、耳に聞こえない音楽は／より美しい」（Heard melodies are sweet, but those unheard／Are sweeter）という部分に注目しましょう。キーツの言葉の中でももっとも有名なこの一節は、壺が静かにうち沈んでいるように見えながら、それゆえ豊かな物語を語るという、その神秘を讃えたものです。

「耳に聞こえない音楽」とはいったい何でしょう。ロマン派の詩人たちは目に見えないものを見、耳に聞こえないものを聞きました。と言うと狂気の沙汰にも聞こえますが、当時は幻視や幻聴すれすれのそうした想像力が、文学の源泉と考えられていたのです。

　これは時代背景を考えるといっそうおもしろいです。18世紀から19世紀にかけてのイギリスを席巻していたのは、想像力とは対極にあるものでした。目に見えないどころか、人々は啓蒙思想のもと、すべてを理性の光で照らし出そうとしていました。技術革新の進展。産業構造の変化。都市は巨大化し、周辺の人口を呑み込む。農村は荒れ果て、古き良きイングランドの牧歌的な風景は消えつつありました。

「耳に聞こえない旋律」を求める精神は、こうした理性中心の功利主義に対する抵抗の顕れだったのです。ロマン派の詩人たちは光よりも闇に惹かれます。とくに結核に侵されていたキーツは、一歩退くことに生き方のヒントを見いだそうとしていました。健康で強烈なエゴで押すよりも、そういうエゴから自由になることに生きる道を探った。だからキーツの詩に登場するのは、ちょっとマイナスのものばかり──沈黙する壺であり、闇の中から聞こえてくる姿の見えない小夜鳴き鳥の歌声であり、夏よりも秋であり、快活さよりもメランコリーでした。

女性に見立てられた「壺」

　ではなぜ、主役は大理石ではなく壺だったのでしょう。キーツには「エルギンの大理石」を題材にした作品もあるのですが、どうやらこの詩では壺を主役にしたかったようです。大英博物館には当時、詩の内容とぴたりと重なるモデルはなく、ということはこの壺はキーツが自身の〝壺体験〟を総合して想像の中で作ったものなのでしょう。おそらく彼がしたかったのは、何より女性を描くことだったのではないでしょうか。詩の出だしはこうです。

Thou still unravish'd bride of quietness,
　　Thou foster-child of silence and slow time,
Sylvan historian, who canst thus express
　　A flowery tale more sweetly than our rhyme:

おまえ　今なお汚れなき静寂の花嫁よ
　沈黙とゆるやかなる時に育てられた子ども
森の語り部よ　おまえはこのように
　華麗なる物語を　私たちの詩文よりも美しく表すことができる

　甘美な調べを奏でる女性。詩人を癒やしてくれる森の女神のような女性。となれば、確かに石版の遺跡よりは、優美な曲線美をたたえたギリシャ壺の方がふさわしい。壺を通して幻視されるような女性をキーツは求めていたのです。そして彼女が黙れば黙るほど、詩人の幻想、いや、妄想はふくらむ。しかし、詩人の理想をほんとうにかなえるのは、永遠に語ることのない女性、死そのもののような、死に神として彼を迎え入れてくれるような存在だったのかもしれません。冷たい石の遺跡を通してキーツが出会ったのは、パルテノン神殿の廃墟から運ばれてきた「あの世」の気配だったとも言えます。

ジョン・キーツ
John Keats 1795 - 1821

英国のロンドン生まれ。ロマン派の詩人。結核のため25歳という若さで夭折した。死後、19世紀末にその作品の評価が確立される。「秋へのオード」「ギリシャ壺に寄せるオード」などの作品を残す。

第3章

ジェイン・オースティン
『高慢と偏見』
（1813）
を読む

主人公エリザベス・ベネットは、才気煥発でウィットにも富んだベネット家の次女です。趣味は人間観察。たしかに賢くて、洞察力がある。自信に満ち、芯が強く、正義感にもあふれている。でも、少々おっちょこちょいで早とちりをしがちなところがあり、波乱要因ともなります。

物語はベネット家の近所にお金持ちの青年が越してきた、というニュースで始まります。娘ばかり5人のベネット家では娘たちの結婚相手が重要な関心事です。そこへ独身男性が越してきたわけですから、とくにベネット家のお母さんは大騒ぎ。さっそくお近づきになるべくお父さんをけしかけます。果たして、その後、この金持ち青年ビングリーとベネット家の長女ジェインの間には何となくいい雰囲気が流れはじめるのですが、あるときを境にぱたっと二人が疎遠になってしまう。周囲は心配します。

そんな中、次女のエリザベスも、ビングリーの親友で同じく金持ちの独身男ダーシーと親交を深めます。ダーシーはすぐにエリザベスに首ったけになりますが、エリザベスの方はダーシーに悪印象を抱き、そのため噂にも翻弄されます。姉のジェインとビングリーの仲がうまくいかないのもダーシーのせいらしい。エリ

ジェイン・オースティン
Jane Austen
1775 - 1817

英国のハンプシャー出身。18世紀
末の英国中流階級、特に女性の結婚
について描いた作品で知られる。皮
肉やユーモアを特徴とした筆致は19
世紀における小説のリアリズムにも
影響を与えた。『分別と多感』『高慢
と偏見』『マンスフィールド・パーク』
『エマ』『ノーサンガー・アビー』『説
得』という6つの長編小説で知られ
る。

ザベスがこうして不信感をためこん
でいたところへ、ちょうどダーシー
がプロポーズをしてきます。最悪の
タイミングです。果たしてエリザベ
スは、けんもほろろに突っぱねるこ
とになります。

　しかし、その後、ダーシーから心
のこもった手紙を受け取って誤解が
とけ、これまでの悪印象も彼の引っ
込み思案さやプライドが邪魔をして
いたせいだとわかります。噂も根拠
のないことが判明。そんな折、エリ
ザベスの妹がウィッカムという放蕩
者に誘惑されて駆け落ちするという
事件が起きますが、ダーシーの尽力
で無事解決。また懸案だったジェイ

ンとビングリーの間も、誤解がとけ
てうまくいくようになります。エリ
ザベスはダーシーという人物への理
解をあらためて深め、再度のプロ
ポーズを受けて受諾するというのが
大きなストーリーの流れです。

『高慢と偏見』
の読みどころ

なぜ結婚を描くのか

　イギリスで近代小説が花咲いたのは18世紀から19世紀でした。とりわけ人気があったのが**結婚物**。いったいなぜでしょう。

　今の若者はあまり結婚に興味がないとも言われます。しかし、当時の人びとは大あり。このころのイギリスでは封建制が崩れたことで身分が流動化し、社会全体に「上昇志向」が広まっていました。ただ、中産階級の女性にとってはまだまだ経済的な自立は難しく、結婚に頼らざるをえなかった。だから、**「女性がいかに結婚するか」**は、当事者だけでなく周囲の家族や友人にとってもおおいなる関心事となっていたのです。

　従って人びとは出会いやお付き合い、愛の表明などにも大きなエネルギーを注いでいました。ダンス・パーティをはじめ、出会いの場を演出するさまざまな催しが企画され、男女の付き合い方をめぐるさまざまなルールが共有されます。とりわけ、**プロポーズの作法**については気にする人も多く、小説でもよく描かれます。

　そんな時代に、ジェイン・オースティン（1775－1817）は結婚をテーマにした作品を書きつづけたわけです。その作品では必ずと言っていいほど、主人公がどうやって適切な結婚相手を見つけ、結婚にこぎつけるかがプロットの柱となっています。プロポーズの場面はその中でも、重要な見せ場。『高慢と偏見』でも、コリンズ牧師やダーシーによるプロポーズの場面はとても丁寧に書きこまれています。

日常性とリアリズム

　もちろん、結婚を描いたのは近代小説だけではありません。「ねむりの森の姫」や「シンデレラ」など、おとぎ話でも最後が結婚で終わるのは定番のパターンです。シェイクスピアの喜劇も、最後は結婚で終わる。

では近代小説の結婚は何がちがうのでしょう。

注目したいのは、オースティンの作品では派手な事件がほとんど起きないということです。描かれるのは遠足やパーティの企画、友人の訪問といった**日常的な出来事**ばかり。はっきりいって地味なのです。舞台もごく近所。遠い場所に旅行したりすることはあまりないし、出てくるのも家族や友人、幼なじみなど昔から知っている人がほとんど。

しかし、この**「地味さ」**こそが、実はオースティン作品の最大の売りのひとつなのです。あまり動きがない分、いわば「ド・アップ」で人物を描くことができ、精妙な人間観察がなされうるのです。オースティンが自分の作品を小さな**象牙細工**に喩えたのは有名で、描かれるのも田舎の一握りの家庭で十分だと言っています。そこにはオースティンならではの現実感覚と小説観があらわれていると言えるでしょう。

『高慢と偏見』では、エリザベスやダーシーといった中心人物はもちろん、コリンズ牧師、シャーロット、ベネット家の母、キャロラインなど、プロット的にはそれほど重要でないけれど、おもしろい癖のある人物がたくさん出てきます。プロットがあまりに強烈だと、こうした人物たちの個性はかすんでしまうでしょうが、この作品では個人がプロットに従属することなく、持ち味を発揮するのです。彼らの滑稽さやずれ具合、不適切な振る舞いなどがたっぷり風刺をまじえて描き出されます。味わい深い人や知恵を持った人も登場し、結果として、すごく限られた世界を描いているにもかかわらず、社会の奥行きが浮かび上がるようになっているのです。

オースティンのこうした作風は、今ならまさに「リアリズム」とか「ミニマリズム」と呼ばれてもおかしくない方法でしょう。日常性にどっぷりひたりながら社会を等身大の視点で描き出す作品世界。現代小説でもしばしば見られるものですが、その基礎を築いた一人がオースティンなのです。彼女が「近代小説の母」と呼ばれるゆえんです。

個性と内面への興味

オースティンがこうした作法を好んだのは、当時流行していた**ゴシック小説**への反発があったためだと言われています。ゴシック小説とは中世の城などを舞台に怪異な現象が起きる作品のことで、まさに派手なプロットや設定が勝負。こちらも現代に至るまでSFやホラー、サスペン

スといったジャンルにその系譜を見ることができます。オースティンは
こうした作品の大袈裟さや感傷性に我慢ならないものを感じていたよう
で、徹底的にそれらを排除して作品を作り上げたわけです。先にも触れ
た精妙な「象牙細工」という言葉の背後にあったのはこうした意識です。

　これとあわせて、もう一つ頭に入れておきたいことがあります。すで
に第1章でも触れたように、小説の起源には大きくわけて二つの潮流が
あります。ひとつは**旅行記**をモデルにして、珍しい場所や人、事物な
どを、いささかの冒険性とともに描くもの。『ロビンソン・クルーソー』
や『ガリヴァー旅行記』はその典型です。

　これに対し、もう一つ別の起源もありました。**作法書**です。当時の社
会では身分が流動化しつつあったこともあり、少しでも上の階級にあが
りたいと思う人がその階級につきものの「文化」も身につけようとする
潮流がありました。また、ちょうどこの頃から**印刷術**が一般にも普及し
はじめたこともあって、かつて宗教が独占的に担っていた**人生指南**の役
割を、次第に通俗的な作法書が果たすようにもなっていったのです。

　そんな中、「イギリス小説の父」と言われるサミュエル・リチャード
ソンは手紙の書き方をフィクション仕立てにした例文集を出版するので
すが、これが非常に評判がよく読み物として、また一種の人生指南とし
ても読まれるようになります。後に文学史に残る『パミラ』の前身でし
た。

　そういうわけで、はじめは人生指南の具体例として読まれていた小説
が、次第にそれ自体で意味を持ち、求められるようになったというのが
小説の今一つの起源だと考えられています。オースティンが小説を書き
はじめたのはまさにそういう時代だったので、作品の中にも人生訓がち
りばめられ、人間の振る舞いについて人びとがあれこれコメントすると
いう場面もとても多いです。

　小説は人間に対する興味があればこそ、発達してきたジャンルです。
これは、人間の振る舞いや発言をじっくり見たり聞いたりすると、その
向こうにある人となりがわかるという考え方を土台にしています。『高
慢と偏見』のエリザベスが無邪気なほど人間観察へのこだわりを示すの
も、そうした新しい人間観がこの時代を席巻しつつあったことと関係す
るでしょう。

　近代個人主義の柱となったのも同じ姿勢です。人間は一人ひとり異

なった内面を持っており、それぞれの内面は尊重されねばならない。そこから人間に対する興味が生まれ、この興味が小説という形に結実したわけです。そういう意味では小説は、近代社会にしっかりと根を張ったジャンルとして隆盛したと言えるでしょう。オースティンの作品がいまだにおもしろく読まれるのも、私たちがそうした文化を共有していることを示唆します。

高慢と偏見

(…)「そりゃね」シャーロットは言った。「そんなとき、まわりの人に気づかれずにいられたら心安らかでしょう。だけど女の方があんまり心を明かさずにいると損をするのよ。意中の相手にまでそんなふうに自分の気持ちを隠したら、せっかく向こうの心をとらえられそうなのに機会を逃すことになるかもしれない。そんなことになったら、周りの人にも知られていないわけだし仕方ない、なんて思ったところでたいした慰めにはならないでしょ。ほとんどどんな愛情も、感謝の気持ちや虚栄心がからめばこそなんだから、愛情だけでうまくいくと思ったらダメよ。はじめ方は好きにすればいい。ちょっとした好意くらいが自然でしょうね。だけど背中を押してくれるものがないまま、本格的な愛に進んでいける人はなかなかいない。十中八九、女性は自分が感じている以上の愛情を示した方がいいのよ。ビングリーさんがお姉さんのことをいいと思っているのはまちがいない。だけど彼女が導いてあげなかったら、それ以上のところまではいかないのよ」

「でも、ジェインだって、自分なりにビングリーさんの背中を押してると思うわ。あたしにだってジェインの気持ちがわかるんだから、わからないとしたらビングリーさんはよっぽどのまぬけよ」

「あのね、イライザ、ビングリーさんはあなたほどジェインの性格がわかってないのよ」

「でももし女性が男性に心を寄せていて、それを隠してもいないとしたら、男のほうはそれを見つけるはずでしょ」

「それなりに会う機会があればそうかもね。でも、ビングリーさんとジェインはほどほどに会ってるけど、何時間もずっとってことはないでしょう。それに二人が会うのは、いろんな人のいる会でしょ。そんな状況だと、寸暇をおしんで言葉をかわすというわけにはいかない。だからビングリーさんが自分だけを見てくれる時間が半時間でもできたら、ジェインはそこをしっかり活用しないといけないの。無事、彼のことをつかまえてから、恋でも何でも好きなだけすればいいわ」

「すばらしい計画ね」エリザベスは言った。「うまく結婚するだけが望みならね。もし金持ちの夫を手に入れることだけ、あるいは、ともかく

結婚相手が欲しいというだけなら、あたしもそのやり方でいくでしょう
ね。でもね、ジェインにはそんな気持ちはないと思う。彼女は下心がな
いの。今のところは、自分がビングリーさんのことをどう感じているか、
それから、その感じ方が正しいのかどうか、自信が持てないのだと思う。
だってはじめて会ってから、まだ二週間よ。メリートンで一緒に踊った
のが四回、午前中に彼の家に行ったのが一回、その後、夕食で彼と同席
したのが四回。これだけじゃ、ビングリーさんの人となりはわからない」

「そういう言い方をすれば、そうでしょうね。一緒に食事をしただけな
ら、わかるのはせいぜい彼が食欲旺盛かどうかくらい。だけどね、四晩
を一緒に過ごしたということになるのよ。四晩というのはそれなりのも
のよ」

「そりゃね。四晩をともにしたおかげで、ふたりともヴァンタンの方が
コマース (1) よりも好みだってことがわかった。でも、ほかの大事なこ
とはほとんどわからなかったと思うわ」

「まあね」シャーロットは言った。「ジェインのことがうまくいけばい
いとほんとに思うわ。明日、ビングリーさんと結婚したって、幸せに
なる可能性としては、十二か月かけて彼の性格をじっくり検分してから
結婚する場合と同じだと思う。結婚して幸せになれるかどうかは、完全
に運次第。お互いの性格をよくわかっていたとしても、あるいは二人の
性格がはじめはとてもよく似たものであったとしても、うまくいくかど
うかには関係ない。そのうちに必ず二人の性格はずれが目立ってきて、
やっぱりお互いうとましくなるのよ。だから人生の伴侶にする人の欠点
なんて、なるべく知らないでいた方がいいってこと」

「もう笑うしかないわ、シャーロット。そんなのおかしいじゃない。お
かしいってわかってるでしょ。あなただってそんなやり方はしないはず
よ」(…)

（筆者訳）

註1「ヴァンタン」「コマース」
トランプの遊びの種類。

Pride and Prejudice

(...) "It may perhaps be pleasant," replied Charlotte, "to be able to ①impose on the public in such a case; but it is sometimes a disadvantage to be so very guarded. If a woman ②conceals her affection with the same skill from the object of it, she may lose the opportunity of ③fixing him; and it will then be but poor consolation to believe the world equally in the dark. There is so much of gratitude or vanity in almost every attachment, that it is not safe to leave any to itself. We can all *begin* freely—a slight preference is natural enough; but there are very few of us who have heart enough to be really in love without encouragement. In nine cases out of ten, a woman had better show *more* affection than she feels. Bingley likes your sister ④undoubtedly; but he may never do more than like her, if she does not help him on."

"But she does help him on, as much as her nature will allow. If *I* can perceive her regard for him, he must be a ⑤simpleton indeed not to discover it too."

"Remember, Eliza, that he does not know Jane's disposition as you do."

語 彙

- consolation：「なぐさめ」
- gratitude：「感謝の気持ち」
- vanity：「うぬぼれ」「虚栄心」「誇示」
- attachment：「愛情」
- Leave ～ to oneself：「～を放っておく」
- heart：「勇気」「元気」
- encouragement：「励まし」
- In nine cases out of ten：「十のうち、九くらいの割合で」（≒「十中八九」）
- help ... on：「... をうながす」「... をはかどらせる」
- regard：「好意」
- disposition：「性格」「傾向」

---

① impose の用法に注意。

impose on「**だます**」

　impose は他動詞の用法では impose A on B といった構文で「A に B を課す」「A に B を押し付ける」、自動詞では impose on (upon) A といった形で使われ、「A につけこむ」「A をだます」。ここでは後者。

　この当時、感情を表に見せない、いわゆる dissimulation（「偽装」）が polite society と呼ばれる上流社会では一種の徳とされるようになっていました。次の conceals her affection も同じようなニュアンスです。こうした文化に対する反発として、むしろ率直に感情を表に出すことが大事だと考える人たちも増えていきました。そうした人たちにとってのキーワードは sincerity（正直さ）で、感情を隠すような取り繕いは hypocricy（偽善）として批判されます。これがロマン派的な思潮にも結びついていくことになります。（第2章の「より深く読む」を参照）

　上記の点ともからみ、impose on, conceal, design, understand など、相手の心をうかがったり、自分の心を隠したり、気持ちをつきとめたりといった単語が頻繁に使われています。18世紀から19世紀は、「本心の究明」をどう行うかに人々の関心が集まった時代だったとも言えるでしょう。

② with の用法に注意。

conceals her affection with the same skills「**同じように上手に好意を隠す**」。

　前置詞の with にはさまざまな用法がありますが、ここでは [手段・材料・原因の with] のうちの、とくに [手段] を示しています。with の主な用法は下記の通り。

☞ [材料・成分]…で

　　He provided us with food.（彼は私たちに食料を用意してくれた）

☞ [原因・理由]…が原因で , …のために , …のせいで

　　She turned red with anger.（彼女は怒りのせいで真っ赤になった）

"But if a woman is partial to a man, and does not endeavour to conceal it, ⑥ he must find it out."

"Perhaps he must, if he sees enough of her. But though Bingley and Jane meet tolerably often, ⑦it is never for many hours together; and as they always see each other in large mixed parties, it is impossible that every moment should be employed in conversing together. Jane should therefore make the most of every half hour in which she can command his attention. When she is secure of him, there will be leisure for falling in love as much as she chooses."

"Your plan is a good one," replied Elizabeth, "where nothing is in question but the desire of being well married; and if I were determined to get a rich husband, or any husband, I dare say I should adopt it. But these are not Jane's feelings; she is not acting by design. As yet, she cannot even be certain of the degree of her own regard, nor of its reasonableness. She has known him only a fortnight. She danced four dances with him at Meryton; she saw him one morning at his own house, and

---

語彙

• be partial to A：A のことが好き。partial は、「えこひいきする」「不公平な」という意味でもあるので、反対語の impartial は「公平な」の意になる。
• endeavour：「がんばる」「努力する」
• tolerably：「それなりに」。tolerate は「許容する」「寛大に扱う」、tolerant は「寛容な」、tolerable は「許容しうる」「まあまあの」。
• together：「つづけて」「連続して」
• employ ~ in ...ing：「（人が）（時間・精力など）を ... するのに費やす」。spend と同じように使い、前置詞は in。
• command：「（視線、共感など）を集める」。command には「支配する」「意のままにする」の意がある。
• be secure of ~：「（人が）~ をたしかに手に入れたと思っている」 cf.) be secure about ~「（人が）~ について安心している、疑いがない」
• leisure for ~：「~ のための暇」
• nothing but ...：「... を除いては何もない」。この場合は nothing but the desire (of ...) is in question という構文。
• I dare say：「たぶん」（譲歩のニュアンス）
• by design：ここでは design に「計略」「下心」の意味。
• reasonableness：reasonable「正当な」「妥当な」。

☞ [～ (all)]

（1）逆接 …にもかかわらず

With all her faults, I like her.（彼女にはいろいろ欠点もあるが、それでも私は彼女が好きだ）

（2）順接…があるので

With all this noise, I couldn't sleep.（この騒音のせいで、眠ることができなかった）

③ fix の意味に注意。

fix「心をつかむ」

　本書で扱っている作家の作品には、現代英語とは異なる意味で使われている単語やフレーズがでてきます。とくに1～3章で扱っているデフォー、スウィフト、オースティンといった作家の場合、一見馴染のあるような単語に見えて、作品中の意味と私たちが知っている意味がずれているということがままあります。

　第1章でも触れたように、そのあたりは『オックスフォード英語辞典』（*Oxford English Dictionary*）のような辞書で、同じ単語でも時代ごとにどのように異なる用法があるかが確認できます。この辞書では各語義の初出や時代ごとの用例があげられており、たとえばここで使われている fix の場合、用例としてサミュエル・ジョンソンやヘンリー・フィールディングなど18世紀の書き手とともに、『高慢と偏見』のこの箇所が用例としてあげられ、fix が「〜の心をつかむ」（to make (a person) constant in attachment）の意味で使われていることがわかります。

④ Undoubtedly と but の呼応に注意。

undoubtedly「まちがいなく」「確実に」

　ここでは次に続く but とセットで、undoubtedly A, but B「たしかに A だが、B である」という論理を構成しています。Indeed A, but B の構文と同じようなパターンで、英語では非常によく使われます。

⑤ simpleton の意味に注意。

simpleton「あほう」「まぬけ」

　ちなみに元になっている simple も「純真な」「気取らない」といった

has since dined in company with him four times. This is not quite enough to make her understand his character."

"⑧Not as you represent it. Had she merely *dined* with him, she might only have discovered whether he had a good appetite; but you must remember that four evenings have been also spent together—and four evenings may do a great deal."

"Yes; these four evenings have enabled them to ascertain that they both like Vingt-un better than Commerce; but with respect to any other leading characteristic, I do not imagine that much has been unfolded."

"Well," said Charlotte, "I wish Jane success with all my heart; and if she were married to him tomorrow, I should think ⑨she had as good a chance of happiness, as if she were to be studying his character for a twelvemonth. ⑩Happiness in marriage is entirely a matter of chance. If the dispositions of the parties are ever so well known to each other, or ever so similar before-hand, it does not advance their felicity in the least. They always contrive to grow sufficiently unlike afterwards to have their share of vexation; and it is better to know as little as possible of the

---

語 彙

- fortnight：「2 週間」
- in company with ...：「... と一緒に」
- appetite：「食欲」
- ascertain that...：「…だと確かめる」
- leading：「主要な」
- unfold：「明らかにする」。fold は「折りたたむ」。unfold で「たたまれていたものを開く」→「隠れていたものを明らかにする」「物語などを展開させる」。
- a matter of chance：「偶然によるもの」
- before-hand：「以前」。現在の用法では「あらかじめ」のような意味で使われることが多く、前後関係のつながりが含意されるが、ここでは純粋に「昔」「以前」（＝「時間的に前」）。次の文の afterwards（「後に」）と呼応。
- felicity：「幸福」
- have one's share of 〜：「人並みに〜を経験する」
- vexation：vex「困らせる」「困らせること」「悩みのたね」「腹の立つこと（人）」。この場合は（くどく訳せば）「人並みの鬱陶しさを経験する」。

良い意味だけではなく、「おめでたい」「だまされやすい」といった悪い意味で使われます。

⑥ must の用法に注意。
He must find it out.「彼だってわかるはず」

☞「ちがいない」、それとも「ねばならない」？
　助動詞の must はおおむね「ちがいない」（推量）と「せねばならない」（義務）のふたつの意味にわかれます。現代英語では be 動詞がつづく場合（It must be John）や過去形（He must have done it.）のような場合は「ちがいない」（推量）、find のような主体性をあらわす動詞がつづく場合は「せねばならない」（You must do it by yourself.）となるのがふつうですが、オースティンの時代は he must find it out で「彼もわかるはず」（推量）の意味となりえました。

⑦構文に注意。
　it は前節全体をうけ、「ビングリーとジェインがそれなりに会うこと」を指しています。この場合は、「…会ったとしても、長時間におよぶことはない」。

⑧ not の用法に注意。
「あなたの言い方に従うなら、たしかに「違う」」
　エリザベスの発言を引き継いでコメントしていますが、やや省略的に引用しています。省略部分を再構築するなら、No, that is not quite enough to make her understand his character. となるわけですが、もちろん、このように相手の言葉をそのままオウム返しにするとまどろっこしいので省略するわけです。英語ではこのように not の一語だけで、先行する否定的な発言の全体を指示することができます。

⑨比較の用法に注意。
　ここは比較構文（「A は B と同じくらい…だ」）のヴァリエーションです。この場合は「ジェインが明日結婚したとしても、12か月観察してから結婚する場合と、幸せになる確率は同じだ」の意味です。な

defects of the person with whom ⑪you are to pass your life."

"You make me laugh, Charlotte; but it is not sound. You know it is not sound, and that you would never act in this way yourself." (...)

『高慢と偏見』

ケンブリッジ大学出版局から刊行されたパット・ロジャース編の

ケンブリッジ版オースティン作品の『高慢と偏見』（２０１３年）から引用。

お、この場合は仮定法なので動詞が過去形になっています。

　こうしてジェインとシャーロットの会話は仮定や推測の範囲内でさまざまな想像をめぐらし、そのうえで議論をしているわけですが、そうしたいわば「机上の空論」を通して二人の性格が浮き彫りになっていくところがとてもおもしろいです。小説中の人物造形は、実際の行為や出来事を通してもなされえますが、オースティンの場合、出来事はあまり起きないかわりに、実際には起きていない出来事をめぐる想像や意見を通して人物の考え方や性格が浮かび上がることがしばしばあります。もちろん、この箇所については、小説の展開を通してシャーロットの「理論」や「予言」があたったかのようにも読めるところがひとつの仕掛けになっているわけですが。

⑩オースティンと決め台詞

　このようにオースティンは、びしっと決まる言葉を登場人物に言わせるのを得意としています。第6章でも触れるように、英語ではこのような警句的 (epigrammatic) な表現が好まれてきた伝統があります。このあたりは補講でも示したような、文学作品におけるさまざまな「名言」の活用とも関係づけられそうです。

⑪ to 不定詞の用法に注意。

you are to pass your life 「あなたが人生を過ごすことになる」

　予定を示す〈be 動詞 + to 不定詞〉。

　最後にひとこと補足です。『高慢と偏見』では登場人物のセリフが長いことにも注意しましょう。地の文と会話文をどのように記述するか、両者のバランスをどのようにとるかは慣習にも依存するので時代によって変化しますが、作家の個性が出るところでもあります。

　『高慢と偏見』では、ここでのシャーロットのように人物が比較的長く直接法でしゃべり、自分の考えを吐露するという場面が見られます。主人公のエリザベスとダーシーの会話もたっぷりスペースをとって示されます。こうした台詞の描き方から読み取れるのは、人間というものは会話の中でしっかり自分の考えや感情を言葉にするものだという考えです。また、論理性や明晰さといった話し方の特徴に人物の特徴が出るという前提もありそうです。

　その後、発言の透明さよりも話し方の特徴が焦点になる作品も増えてきます。19世紀でもチャールズ・ディケンズやジョージ・エリオットの作品では、個性的な話し方がそのまま人物造形と結びつくという例が見られます。本書の例でも、『老人と海』の老人の話し方にはかなり個性がでていると言えるでしょう。

『高慢と偏見』を より深く読む

シャーロットと脇役の妙

『高慢と偏見』はストーリーとしては主人公エリザベス・ベネットがダーシーと結ばれるまでの紆余曲折を描いており、このふたりのやり取りでもおもしろい箇所が多々あるのですが、脇役にも個性の強い人物がいて、ひねりの利いたサブプロットも読みどころになっています。

今回とりあげたのは主人公のエリザベスとシャーロット・ルーカスの会話です。シャーロットはエリザベスの親友。女性としてあまり目立つ方ではないらしいのですが、利発で観察眼も鋭く、現実的で理想よりは実利をとるタイプとして描かれています。頭がよく弁も立つので、さすがのエリザベスもたじたじです。

この会話では二人は、女性がどのように男性との付き合いを深めていくべきか、という話をしています。念頭にあるのはジェインとビングリーのことなので、話は具体的です。ジェインは美人で気立てもいいのですが、やや引っ込み思案のところがあり、男性が興味を示してきても、なかなかそれを上手に受け止められない。お付き合いが深まっていかないようです。

恋愛の技法

そこでシャーロットはおもしろいことを言います。

"It may perhaps be pleasant," replied Charlotte, "to be able to impose on the public in such a case; but it is sometimes a disadvantage to be so very guarded. If a woman conceals her affection with the same skill from the object of it, she may lose the opportunity of fixing him ..."

「そりゃね」シャーロットは言った。「そんなとき、まわりの人に気づかれずにいられたら心安らかでしょう。だけど女の方があんまり心を明かさずにいると損をするのよ。意中の相手にまでそんなふうに自分の気持ちを隠したら、せっかく向こうの心をとらえられそうなのに機会を逃すことになるかもしれない ...

」

　彼女が言っているのは、おおまかにまとめると以下のようなことで
す。

・女性が相手の男性のことをどう思っているかを外に出さないでおけ
　ば、関係がうまくいかなくてもあとでバツが悪い思いはしないかも
　しれない。
・でも肝心の相手に対してまでそうやって心を見せないでいたら、う
　まくいくものもいかなくなる。

　まさに「恋愛の技法」です。当時はまだまだ男性中心の社会。今とは
ちがって、プロポーズは男性がするものというのが当たり前でした。女
性はあくまで男性によって獲得されるべき「商品」のような扱いだった。
他方で、女性には「つましさ (modesty)」の美徳が求められ、心の中を
そう簡単には見せない方がいいとされてもいました。「あたし、この男
が好きだ〜！」というような恋愛感情や欲望をあらわすことは慎むべき
とされていたのです。プロポーズされて、それを受ける気があっても
「とりあえず断るべし」という作法が説かれることさえあったようです。
　しかし、シャーロットはこうした dissimulation（偽装）の弊害を説き
ます。なぜなら、男女関係というのはとてもデリケートなもので、相手
の後押しがないとなかなか前に進めない人が多いから。

　　There is so much of gratitude or vanity in almost every attachment, that it
　　is not safe to leave any to itself. We can all *begin* freely—a slight preference
　　is natural enough; but there are very few of us who have heart enough to
　　be really in love without encouragement.

　　ほとんどどんな愛情も、感謝の気持ちや虚栄心がからめばこそなんだから、愛
　　情だけでうまくいくと思ったらダメよ。はじめはどんなふうでも大丈夫。ちょっ
　　とした好意くらいが自然でしょうね。だけど背中を押してくれるものがないま
　　ま、本格的な愛に進んでいける人はなかなかいない。

シャーロットによれば、男性が attachment（愛情）を抱くときには、実は少なからず gratitude（謝意）や vanity（うぬぼれ）がその支えになっているというのです。愛情というのは、無尽蔵の泉のように湧き出してくるものではない。たしかに、もしそうだとしたらかえって怖いですね。相手に疎まれようが嫌われようが「好き、好き、好き〜！」と迫ってくるのは単なるストーカーです。危険極まりない。

ふつうの人は相手の反応に力を得て、それを燃料にしてさらに相手を好きになっていく。最初の段階では「なんとなくいいかも」という程度の気持ちにすぎない。しかし、相手からの働きかけ次第で、そこに本格的に火がついたりする。この「なんとなくいいかも」の一歩先に踏み出すために、相手からの encouragement（励まし、ひと押し）が必要だというのです。

どうでしょう。なかなか鋭い洞察ではないでしょうか。もちろん、恋愛経験豊富な方は「そんなの、常識さ〜」と思うかもしれません。ただ、もし常識だとしても、それをこんなに簡潔で切れ味のいい言葉で表現しているところは見事ではないでしょうか。

オースティン作品の大きな特色は、ちょっとした日常会話なのに、端正かつ緻密な言葉で奥の深いことが口にされるというところにあります。「会話でこんな難しいこと言うかねえ？」という感想を持つ人もいるでしょう。たしかに現代の小説では、会話の中であんまり抽象的な議論をすることは避けられる傾向があります。これに対し、オースティンの人物たちは、かなり難しいこと、高級なことをどんどんしゃべる。この先でも、たとえばダーシーのプロポーズなどはちょっとした演説のような言葉でおこなわれ、内容もなかなか重厚です。

おそらくこれは、今のように地の文と会話との違いを文体的に際立たせる習慣が育っていなかったためもあるでしょう。いわゆるクオテーション・マーク（日本語でいうところの会話括弧）で会話を地の文と区別して表すという作法が定着したのも、オースティンのちょっと前です。両者はまだまだ「地続きのもの」としてとらえられていたということです。

愛はちょっと「盛る」べし

シャーロットの発言はこれで終わるわけではありません。むしろおも

しろいのはここから。その実利的な面がだんだんとはっきりしてきます。「女は自分がほんとうに抱いている以上の愛情を相手に示すべきだ」というのです。要するに「愛の水増し」です。ちょっと「盛る」くらいがちょうどいいとのこと。ジェインもそうするべきだと言います。

> In nine cases out of ten, a woman had better shew *more* affection than she feels. Bingley likes your sister undoubtedly; but he may never do more than like her, if she does not help him on.

> 十中八九、女性は自分が感じている以上の愛情を示した方がいいのよ。ビングリーさんがお姉さんのことをいいと思っているのはまちがいない。だけど彼女が導いてあげなかったら、それ以上のところまではいかないのよ。

これに対しエリザベスは、微妙にシャーロットの「水増し」論に違和感を抱いているようですが、まだ、はっきりと異論をとなえることはしません。かわりに「いやいや、ジェインだって十分愛情を示しているわ」とやんわり抵抗します。するとシャーロットは「せっかくビングリーがジェインに好意を抱いているのに、もっとプッシュしないとそこまでで終わっちゃうわよ」と説き、さらに「ビングリーはジェインの引っ込み思案な性格を知らないんだから」と加えます。

ここに及んでエリザベスは以下のようなセリフを口にします。いかにも彼女の性格が出ていておもしろいところです。

> But if a woman is partial to a man, and does not endeavour to conceal it, he must find it out.

> でももし女性が男性に心を寄せていて、それを隠してもいないとしたら、男のほうはそれを見つけるはずでしょ。

ジェインは本心を隠そうとしてないんだから、いくら何でもわかるでしょう、というのです。ここでエリザベスが 'But if a woman is partial to a man...' と一般論を用いているところにも注目したいです。エリザベスは少しだけ感情的になっているようです。そのため、ジェインやビン

グリーといった個々人の性格をじっくり見極めた判断ができなくなっているのかもしれません。だから、「女が」とか「男たるもの」といった話になってしまう。シャーロットの方がそのあたりは冷静で的確なのです。

　なお、文法解説でも説明しましたが、he must find it out の must は、こうした構文の中で用いられた場合、現代英語では「義務」のニュアンスをこめた「しなければならない」という意味になります。must のもう一つの重要な働きである「必然性・推量」（「〜にちがいない」）は、状態動詞（be 動詞など）ともに用いられるのがふつう。find などの動作動詞とともに用いられるときは「しなければならない」になります。しかし、オースティンの時代にはこのような構文でもごくふつうに「〜にちがいない」という意味になったようです。そこは注意が必要（ただし現代英語でも、文脈がはっきりしていれば、動作動詞で「〜にちがいない」となることがないわけではないです）。

　繰り返しになりますが、オースティンの時代の英語は、一見、私たちの英語とほとんどかわりないように見えて、ときどき「あれ？」というような違いがあるので意外と手ごわいのです。

結婚は「賭け」

　このあと、シャーロットはその実利的な性格をよりはっきり出していきます。例の「愛の水増し」論にとどまらず、こんなことを言ってエリザベスをびっくりさせます。

　　When she is secure of him, there will be leisure for falling in love as much
　　as she chooses.

　　無事、彼のことをつかまえてから、恋でも何でも好きなだけすればいいわ。

　とりあえずしっかり相手の気持ちを射止めるべし、好きになるのはそのあとで十分、というのです。これにはエリザベスも、そういう金目当てみたいな計略めいた結婚はいやだわ、と違和感を示します。ジェインだって自分の気持ちを大事にしたいはずだ、という。

　おそらく現代人の多くはエリザベスの意見に賛成するでしょう。オー

スティンも、エリザベスの意見を「正論」として出しているようです。ただ、こうしたいわゆる romantic love が正しいものとして受け入れられるようになったのはそんなに昔のことではありません。まさにこの時代なのです。だからこそ、エリザベスもこうやって一生懸命その価値を語る。一生懸命擁護しないと、まだ説得力を持ちえなかったのかもしれません。

しかし、シャーロットはさらに進んで、功利的かつシニカルでさえある結婚観を展開します。

Happiness in marriage is entirely a matter of chance. If the dispositions of the parties are ever so well known to each other, or ever so similar beforehand, it does not advance their felicity in the least.

結婚して幸せになれるかどうかは、完全に運次第。お互いの性格をよくわかっていたとしても、あるいは二人の性格がはじめはとてもよく似たものであったとしても、うまくいくかどうかには関係ない。

結婚生活なんてどうなるかわからない、相手のことを事前によく知っていたからって幸せになるとは限らない、人はどんどん変わるんだから欠点なんか知らないでいた方がいい、と私たちの常識的な見方からするとラディカルでさえある考えを展開していきます。エリザベスは啞然として、「笑うしかないわ」と言います。

預言者シャーロット

シャーロットはなぜこんなことを言ったのでしょう。エリザベスをやりこめるために、わざと極端なことを言ったのでしょうか。シャーロット自身も感情的になって偽悪的に振る舞っているのか。

実は皮肉なことにエリザベスとシャーロットの会話は、人物たちの未来を言い当てることにもなります。ちょっとした恋愛談義に見えて、実によくできた伏線でもあったのです。

このあとエリザベスは従兄であるコリンズ牧師のプロポーズを受けます。誰が見ても「勘違い野郎」です。うぬぼれと自己愛が強く、相手の気持ちがわからない。そんなコリンズ牧師をエリザベスは歯牙にもかけ

ません。自分の気持ちに正直になって、相手のプロポーズにはっきりと
「ノー」と言います。

　ところが驚くべきことに、コリンズ牧師はその後、シャーロットと婚
約するのです。どうやらシャーロットはエリザベスとコリンズ牧師との
顚末をしっかり把握していた。そして好機到来と考えたのかもしれませ
ん。

　エリザベスはこの婚約の知らせを聞いて、とてもショックを受けま
す。エリザベスはシャーロットの賢さをよく知っているから、まさかコ
リンズ牧師のような愚かな人を好きになるとは思えなかった。しかし、
この結婚はまさにシャーロットの理論を地で行くものでもあります。女
性としてあまり人目をひかないシャーロットが、それ相応の生活水準を
維持するためには、コリンズ牧師との結婚は必要だったのです。そのた
めには、本人の性格的欠陥にも目をつぶる覚悟はあった。

　ジェインについても、シャーロットの理論はそのまま当てはまること
になります。ジェインの感情表現が十分でなかったために、ビングリー
との関係が途絶えそうになっていたことが明らかになるのです。ここで
も、シャーロットは正しかったわけです。

　ではエリザベスはどうでしょう。少なくともコリンズ牧師については
自分の人間観察に従い、相手を拒絶します。しかし、ダーシーについて
はどうか。エリザベスの観察そのものにも欠陥があったようです。相手
をきちんと見極めることができなかった。そういう意味では、シャー
ロットの理論が部分的には当てはまるのですが、最終的にはそれを乗り
越えてエリザベスが、エリザベス自身がかかげた理論を実践に移す形で
ダーシーとの結婚を果たすことになります。

　シャーロットの恋愛談義に興味を持てそうでしたら、是非、『高慢と
偏見』を手にとってみてください。

アメリカを代表する詩人 ウォルト・ホイットマンを読む

詩の常識を覆す存在

　アメリカを代表する詩人を一人あげよと言われたら、誰もがあげる名前――それはおそらくウォルト・ホイットマンでしょう。19世紀だけでなく、20世紀以降のアメリカ詩、いや、欧米の近代詩全体を見渡しても圧倒的な存在です。

　しかし、〝代表〟とは言われても決して〝典型〟とは言われないのがホイットマンの詩です。何しろかなり変なのです。「ふつう、そういうことを言うかね？」「そういうふうに言うかね？」と啞然としてしまう。その中でもとくにホイットマンらしいのは、次のような一節ではないでしょうか。代表作『ぼく自身の歌』("Song of Myself") の第24歌冒頭です。

　　Walt Whitman, a kosmos, of Manhattan the son,

　　Turbulent, fleshy, sensual, eating, drinking and breeding,

　　No sentimentalist, no stander above men and women or apart from them,

　　No more modest than immodest.

　　ウォルト・ホイットマン　ひとつの宇宙　マンハッタンの子

　　暴れ者で　肉体を誇り　色を好み　食べ　飲み　繁殖させる

　　感傷にはふけらず　男であろうと女であろうと見下しも見捨てもしない

　　控えめでもなければ厚かましくもない

　まず韻律のことから確認しましょう。英米問わず近代英語の詩には定型があります。これは、アクセントのある音節とない音節とを一定の規則で交互させることによってリズムを作るのです。そんな中で、たとえば〝弱強リズム〟(iamb) と言えば、アクセントのない〝弱〟と、アクセントのある〝強〟とが交互に一回ずつ生起してワンセットとなります。このセットが一行にいくつあるかを目印として、「この詩は弱強五歩格 (iambic pentameter) で書かれている」などと言うわけです。(*1)

ところがホイットマンはこうしたルールをすべて無視。しかも、それでいて、独自のリズムを響かせます。言ってみれば、詩というゲームの中にまったく別の新しいゲームを持ちこみ、「そうか、こういう詩もあるのか」と人々に納得させてしまうわけです。フットボールの試合中に熱狂のあまりボールを手に持って走り出し、ラグビーという新しいゲームを生み出してしまったという、ラグビー校の伝説の少年を彷彿とさせます。

　今、引用した箇所を見ても、確かにホイットマンのアクセントの位置には規則性がありません。一行の音節数もばらばら。でも、たとえば二行目など Turbulent, fleshy, sensual, eating, drinking... と形容詞がどんどん列挙され、現代のラップ音楽を思わせるような連続感というのか、単純だけど、日常の言葉とは明らかに違うわくわくするような前進と広がりの勢いが表現されているのはたしかです。三～四行目はどちらも No.... で始まり対句のようなシンメトリーをなしていて、これもたいへん単純かつ原始的な形ですが、「様式化された言葉」という印象は与えます。どことなく〝知恵者の言葉〟めいた安定を感じさせるのです。

　荒っぽく強引なわりに〝形〟がある。そんな〝無法の法〟のようなものが、語られる内容とも呼応しています。何しろ、いきなり自分自身をフルネームで登場させるのです。しかも褒めている。自分を讃美している。こういうことをやった人は今まであまりいなかったでしょう。「ウォルト・ホイットマン！」と呼びかけ、「宇宙」になぞらえたり（綴りが kosmos に変えてあるけれど）、「マンハッタンの子」などと呼んだりする。鬱陶しいことこのうえない。のちに続く描写も、「肉体」や「性」が出てくるかと思うと（これだけでも当時の感覚からすると破天荒ですが）、いきなり「食べ」、「飲み」、さらには「繁殖」とくる。整理もされていない。細部も雑。「控えめでもなければ厚かましくもない」などと矛盾だらけ。思いついたことが片っ端から口にされる。おおざっぱで、思いこみに満ち、ほとんど誇大妄想のようです。

自由さの中にある「型」

　そもそも、詩が言葉として何をしたいのかがよくわかりません。描写をしたいのか、理想を語りたいのか、政治家のように呼びかけたいのか。あるいは感情を吐露したいのか。とにかくいい加減で、行き当たりばっ

たり。でも、なんかやっているという感じはする。語ることが〝行為〟
となっているのです。しかも読んでいると、何となく嬉しい気分になっ
てくる。とても自由で、元気で、明るいから、楽しそうなのです。〝無
法の法〟とも言うべきリズムに、言葉を口にすることの原初的な快楽が
あふれています。読者はこうしていつの間にか、ホイットマンの〝エゴ〟
に呑み込まれてしまうのです。

　とにかくマイペースな詩です。従来の詩はまず準備をしました。聞き
手を設定し、対象を立てた。語りの〝枠〟が明確でした。ホイットマン
は〝枠〟より先に語り出す。説明書も見ずに道具をいじり、仕事のやり
方もわからないのに現場をうろつく。実に素人臭い。しかし、まさにこ
の〝素人感〟が持ち味とも言えます。言葉もイメージも、整えたり、削っ
たり、型にはめたりしない。入れ物も決めないまま、とにかくうろうろ
さ迷い、語り、進み、増える。いや、そう見えるように作られている。

　　Unscrew the locks from the doors!
　　Unscrew the doors themselves from their jambs!

　　Whoever degrades another degrades me,
　　And whatever is done or said returns at last to me.

　　扉から錠前を外してしまえ
　　扉そのものを柱から外してしまえ

　　誰かをおとしめる者は僕をおとしめるも同じ
　　何をしても何を言っても　結局は僕に返ってくる

　ほんとうはホイットマンだって、直したり削ったりしているのです。
この破天荒さや自由さも演出の一部。しかし、そうであればよけい、こ
のようなスタイルで詩がありうることを私たちに示してくれたホイット
マンの、その発明家としてのとんでもない才能には驚嘆せざるをえませ
ん。

〈出典〉

Walt Whitman. *Leaves of Grass*. ed. by Sculley Bradley & Harold W. Blodgett
　(New York: Norton, 1973)

ウォルト・ホイットマン『草の葉』（上・中・下）酒本雅之訳（岩波文
　庫　1998）

ホイットマン『おれにはアメリカの歌声が聴こえる　―　草の葉（抄)』
　飯野友幸訳（光文社古典新訳文庫　2007）

*1　O Wild West Wind, thou breath of Autumn's Being（P.B.Shelley, 'Ode to the West Wind'
より）という一行では、下線を付したところがアクセントのある〝強〟となり、それ
がアクセントのない〝弱〟と交互に計五回現れているのがわかります。もちろん場
合によっては、行ごとにリズムが変わることもあるし（弱強から弱弱強になるなど）、
行の中でリズムを乱すということも一種のテクニックとして行われたりしますが、
そういう破格も元になるリズムがあってこそです。

　このような近代英語のリズムは、アクセントの位置と全体の音節数との両方に注
目するので、accentual syllabic meter に区分されます。ちなみに古英語の韻律法は、ア
クセントの数だけに注目する accentual meter でした。また日本語の七五調は音節の
数だけに注目するので syllabic meter です。

ウォルト・ホイットマン
Walter Whitman 1819 - 1892

アメリカ合衆国のニューヨーク生まれ。詩人、随筆家。超越主義からリアリズムへの
過渡期に作品を残し、アメリカにおける詩の展開に大きな影響を与えた。同性愛を思
わせる記述が発表時から議論を呼んだ。

第 4 章

エドガー・アラン・ポオ
「黒猫」
（1843）
を読む

　主人公は大の動物好き。夫婦でさまざまなペットを飼っていますが、とりわけ黒猫プルートはお気に入りです。猫の方も彼にとてもなついています。

　しかし、彼はやがてアルコール依存症になっていきます。そしてある日のこと。酔って帰宅したら、何だか黒猫の態度がよそよそしい。無理に引き寄せようとすると、猫の方は恐怖に駆られたせいか飼い主に嚙みついてしまいます。酔いの勢いもあって彼はすっかり逆上し、何とペンナイフでその目玉をくりぬきます。

　その後、プルートはすっかり主人

公に恐怖心をいだき、彼が近づくと逃げ出すようになります。彼は自分の残酷な振る舞いを後悔し、プルートに対する罪悪感にも苛まれますが、その反動で逆上して苛立つことがあります。ある日、酔っていたこともあって、再び彼は我を失い、ついにプルートの首を縛り上げて木から吊し、殺してしまいます。すると、その夜、不審火が発生、彼の家は焼けてしまいます。その焼け跡の壁に、首に縄を結わえられた猫の姿が刻印されているのが発見されます。

　この事件のあと、主人公は再びプルートのことを恋しく思い、後悔し、罪悪感に駆られるようになりま

エドガー・アラン・ポオ
Edgar Allan Poe
1809 - 1849

米国のボストン出身。謎や恐怖に満ちた短編や詩を残す。推理小説というジャンルを打ち立てた作家とも評され、後のSF作家にも影響を与えた。困窮状態に陥りながらも文筆業だけで生計を立てた最初期の作家の一人でもある。主な作品に『アッシャー家の崩壊』『モルグ街の殺人』『黄金虫』『黒猫』『大鴉』などがある。

す。そしてある酒場でプルートに似た猫を発見。片目がつぶれているところまでプルートそっくりなのですが、胸に白い班があるところだけがちがいます。主人公はこの猫を気に入って家に連れ帰りますが、過去の罪を思い出させることもあって次第に気持ち悪くなり、疎ましく感じるようになります。そして、ある日のこと。地下室におりていくときに猫がまとわりついてきて転びそうになり、酔っていた主人公は怒りにまかせ斧で猫を殺そうとします。そこへ妻が止めに入ったのですが、これが彼の逆鱗に触れ、その斧で彼は妻を殺害してしまいます。

狼狽した彼は、壁の煉瓦を剥がして妻の死体を隠そうとします。この隠蔽工作は成功したかのように思えるのですが、ちょうど警察が捜査に来ているときに、彼が家の壁の頑丈さを誇るように叩くと、どこかから動物の泣き声が聞こえてきます。不審に思った警官が壁を剥がすと、腐乱した妻の遺体と、例の猫がそこから出てくる、という結末です。

「黒猫」
の読みどころ

ポオとアメリカ

　アメリカ文学史の文脈ではポオはしばしば**アメリカン・ルネッサンス**の作家の一人とされます。もともとこの用語はF・O・マシーセンがその著書『アメリカン・ルネッサンス』(1941) でラルフ・ウォルド・エマソン、ウォルト・ホイットマン、ナサニエル・ホーソーン、ヘンリー・ソロー、ハーマン・メルヴィルの五人の作家をとりあげたことに由来しています。マシーセンは、1830年代から南北戦争期にかけアメリカ独自のヒューマニズムが隆盛し、上記の作家の作品にそのあらわれが見て取れるという文学史観を打ち出しました。その後、ポオやエミリー・ディキンソンといった他の作家もその中に含められるという流れがあります。

　アメリカン・ルネッサンスという言い方からもわかるように、この「ルネッサンス」は明らかにヨーロッパのルネッサンスとコントラストをなすかのように用いられているわけですが、実際には上にあげたエマソンの推進した**超絶主義**にもあらわれているように、ヨーロッパ的な**ロマン主義**とも通ずる点があります。そもそもポオがその短い生涯で発表した作品にはさまざまな要素が混じり合っていて、簡単なレッテルを貼ることはできません。ジャンルだけで言っても、詩、エッセイ、書評、小説と多くの領域をカバーしましたし、詩も**古典的な様式美**とともに書かれたものもあれば、意味内容の説明がほとんどない、**象徴詩**のような作品もあります。小説でもごく短い**怪奇譚**や**心理小説**のようなものもあれば、長編作品もある。そして何と言ってもポオは、**探偵小説**というジャンルを最初に開拓した一人でもあります。

ポオの想像力と理性

　多くの文学者と同じく、彼がまずは中心にすえていたのは詩の創作でした。その後、文筆で生計を立てるためにさまざまな文章を発表するようになりますが、最後までその発想の芯には詩的なものがあったとも言えるでしょう。その代表作としてよくあげられるのは長詩「大鴉」で、愛する女性を失った語り手が大鴉を前に嘆きを吐露しつつ、どんどん心理的に追い詰められ、闇の底に落ちていくプロセスが語られます。この作品は当時、おおいに人気を博したのですが、作品と同じくらい有名なのが、ポオがこの詩の創作過程を説明した「詩作の哲学」というエッセイです。ポオはこのエッセイで、自分がいかにして「大鴉」という作品を着想し、そのコンセプトを生かすべくどんな工夫をしたかといったことを明晰に語っています。

　作品としての「大鴉」と、その解説としての「詩作の哲学」というセットは、まさにポオという人の二面性を象徴すると言えるでしょう。「大鴉」そのものは暗いメランコリーに覆われた作品で、重苦しい悲哀に満ちた情緒が独特の陶酔感を生み出し、いかにもロマン派風の朦朧として耽美的な世界を提示しているのですが、ポオのエッセイによれば、その背後には緻密な計算があり、韻の踏み方から女性の名前に至るまで、すべてをコントロールしたうえで情緒的な効果を狙ったというのです。果たしてほんとうなのでしょうか。ポオはどこまでほんとうのことを言っているのでしょう。

ポオは信用できるのか

「詩作の哲学」で展開される〝解説〟をすべて受け入れるべきかどうかは意見のわかれるところでしょうが、少なくともそこから見て取れるのは、ポオの中で気分、情緒、無意識など人間の中の形にならないものを解放して表に出そうとする傾向と、不定形なものを理知的に制御したうえで、最大の効果とともに読者につきつけようとする面とが共存しているということです。

　これは文学史の中でロマン派という時代が持っていた意味を考えるとおもしろいです。イギリスに目を転じると、ロマン派に先立つ18世紀は**啓蒙主義**の時代でした。哲学では**経験主義的**なアプローチが根付きはじ

め、人間が世界を理解するメカニズムを知覚の機能にまでさかのぼって冷静に見極めようとする試みがなされています。その中でも、とくに当時のテクノロジーが洗練をきわめたのが視覚の領域で、さまざまな光学装置の発明とともに観察や記録技術の洗練が科学の発達を助けます。啓蒙主義は英語では enlightenment。この語の核になっているのが light であることからもわかるように、「光をあてることで見えないものを見えるようにする」というのが、当時から今に至るまで科学的な発想の土台をつくってきたわけです。

　ロマン派が隆盛したのはまさにそんな啓蒙主義が世を覆いつつあったときでした。なぜでしょう。ロマン派的な発想は、啓蒙主義的な**「光の覇権」**に対する抵抗と見なすことができるのではないかと思います。たしかに光をあてることですべてを白日の下にさらそうとする経験主義的な観察の思想は、私たちがそれまで見えなかったものを見えるようにしてくれたかもしれません。ジェイン・オースティン『高慢と偏見』の主人公エリザベスが誇らしげに語る**観察至上主義**にもそんな思想の影響が見て取れます。しかし、そうした「光の覇権」からこぼれるものもあります。いくら光をあてても見えないもの。あるいはそもそも視覚ではとらえられないもの。

　イギリスロマン派の詩人はまさにそうした領域を開拓しました。たとえば情緒。たとえば闇。たとえば音。啓蒙主義的な「光の覇権」が世を覆ったとしても、人間は永遠にこうした要素から自由になれません。どこかで闇の想像力に惹かれたり、音の刺激を欲したりする。もちろんいくら理性を働かせても、情緒を完全に制御することはかなわない。ワーズワスやキーツやシェリーといった詩人は闇の中から聞こえてくるわけのわからない力をとらえ、自分の心の奥底に眠る得体の知れない衝動に耳を澄ますことで、人々の心に訴える作品を書いたわけです。

ロマン派の裏表

　ポオには、ロマン派が隆盛した時代の価値のぶつかり合いをひとりで体現したようなところがありました。一方で情緒的なものや形のない人間心理の闇をとらえつつ、他方でそうしたものを合理的な言葉で説明してしまおうとする衝動もあった。当時の文学はこうした対立を内包せざるを得なかったのかもしれません。ロマン派がつねに啓蒙主義な知の世

界を意識せざるを得なかったように、ジェイン・オースティン的な白々
とした日常性の世界は闇への過度な依存に対する反発として生まれまし
た。ポオは一人で両極の間を揺れていたのかもしれません。そしてこれ
は実は、ワーズワスやコールリッジ、シェリーといった他のロマン派の
人たちにも見られる「揺れ」でもあります。

　それだけに彼がとらえた闇には底知れぬものがありそうです。とりわ
けその怪奇的な短編は、単にドキドキさせたりびっくりさせて驚かせる
というだけには終わらない、人間心理の奥底に眠る衝動への接近が見ら
れます。たしかにポオは恐怖を感じさせるような展開を意図的に用意
し、そのことで商業的成功も狙ったのでしょうが、「黒猫」はそんな表
層的な計算を超えた、説明しがたい何かを表現しているようにも思えま
す。

黒 猫

（…）ある晩、あやしげな酒場で、私が酔いしれてぼうっとしていると、何だか黒い物がいる。酒場に所狭しとならぶジンやラム酒の酒樽の、その一つにひょこっと乗っているのだ。考えてみれば私はずっとその酒樽のてっぺんに目をやっていたのだから、今の今までそこにいた物に気づかなかったのがつくづく不思議だった。近づいて触ってみると、黒い猫だった。身体がとても大きく、プルートと変わらないほどだ。他にも似ているところがいろいろあったが、ただ一つ違うことがあった。プルートには一本たりと白い毛は生えていなかったが、この猫は大きな白い斑が不定形に広がり、胸のほとんどぜんぶを覆っている。

　私が触れると猫は身を起こして大きな鳴き声をあげ、こちらの手に身をすりつけてきた。かまってもらって嬉しそうだった。この猫こそが、私の探し求めていたものだった。そこですぐに主人に猫を買いたいと言うと、自分のものではないと言われた。そんな猫は知らない、はじめて見る猫だとのことだった。

　その後も私はずっと猫を撫でていた。いよいよ帰ろうとすると、ついてこようとする。そのままついてくるにまかせ、歩きながら時々かがんで撫でてやった。家に帰り着くと猫はたちまち場になじみ、妻にもすっかり気に入られた。

　ところが私の方は、自分の中に猫への嫌悪感が募ってくるのを感じていた。まさかこんなことになるとは思わなかった。どんなふうに、なぜそうなったのかわからないのだが、猫が私になついてくるのが嫌で不快だった。そして段々とこの嫌悪感や不快さが、激しい憎悪に変わっていった。私は猫を避けるようになった。恥辱の念に苛まれ、かつてのあのひどい振る舞いの記憶もあったので、猫を折檻するようなことはなかった。叩いたり、他の形でいじめたりということもないまま数週間がすぎた。しかし、徐々に——ほんとうに徐々にだが——この猫を見ると何とも言えない嫌悪感が湧き起こってくるようになり、その不快さに耐えられなくてこそこそと逃げ出すしかなかった。さながら疫病の息吹から逃げ惑うように。

　私の不快な気分をまちがいなく増幅させたのは、家に連れ帰った翌

朝、プルートと同じようにその猫も片目がないのに気づいたことだった。しかし、こんな状態にある猫を妻はむしろ愛しく思った。前にも触れたように妻は人間らしい思いやりにあふれていた。私にしてもかつてはそうで、そうしたやさしい気持ちを持つことから純粋でまっすぐな喜びを得ていたものだった。

　ところが私の猫への嫌悪がつのるにつれて、猫はよけい私になついてくるようだった。いかにその猫が私にべったりだったか、説明してもなかなかわかってもらえないだろう。私が腰をおろしているときには、椅子の下にうずくまっていたり、そうかと思うと膝に飛び乗ってきてこちらを気持ち悪くなめまわす。私が立ち上がれば、足元にまとわりついてきて転びそうになるほどだ。あるいはその長い鋭い爪で私の洋服にからみつき胸元によじ登ろうとしたりする。そんなとき、殴り殺したくなることもあったが、何とか思いとどまったのは、ひとつには過去の罪の記憶ゆえだったが、それよりも——この際、正直に言うと——この猫がものすごく怖かったからだった。

　この恐怖は必ずしも危害を加えられることからくるものではなかったが、他にまったく説明のしようがないのもたしかだった。こんなことを言うのは憚られるのだが——そう、こんな重罪房に入れられた人間が、それでも憚られるのだ——この猫の引き起こす恐怖やおぞましさは、実に荒唐無稽な妄想により増幅されていたのだ。例の白い斑のことを妻は何度も口にした。この斑がこの奇妙な猫と、私が殺したあの猫との、唯一の目に見える違いだった。読者諸氏はこの斑が大きなものである一方ではじめははっきりした形がなかったことを覚えておられるだろう。しかし、少しずつ、ほとんどわからないほどのわずかさでそれは変化し、そして私の理性はずっとそんなはずがないと打ち消していたのだが、ついにくっきりとした形を持つようになったのだ。それはあるものを示していた。口にするのもおぞましいあるもの。まさにこのためにこそ、私はこの怪物を忌み嫌い、恐れ、できることなら何とか放擲してしまいたかったのだ。今や、何と斑はおぞましい、おそろしいものの形をなしていたのだ。絞首台の形を！　恐怖と犯罪、苦しみと死につきものの物悲しく恐ろしい装置だ！

　私の呪われた境遇は他の誰のそれとも比べようのないものだった。まごう方なき獣が——その仲間を私は情け容赦なく殺したわけだが——私

に対し——いと高きところにおられる神の似姿をとるはずの人間である私に対し——こんなとてつもない苦しみを与えるとは！　何ということだろう！　昼夜問わず、私にはもはや休息の恵みなどなかった。起きている間はつねにあの猫がまとわりついてくる。寝ようとしても、言葉であらわしようもない恐ろしい悪夢にうなされてひっきりなしに目が覚め、気がつけば猫が頬に暑苦しい息を吹きかけ、ずしりと私の心臓に——まさに悪夢そのものが形になっていてはねのけることもかなわないかのように——その重たい身体を永遠に乗せてくるのだった。

　こんな苦しみに圧迫されながら、私の中にわずかながら残っていた善きものも絶えていく。邪悪な考えのみが私を満たすようになった。黒々とした最悪の考えだ。私にもともとあった気鬱は、あらゆるもの、あらゆる人間に対する憎悪の念へとなり変わった。そんな中で、ああ、何ということだろう、私の従順な妻は、私がもはや我慢もせずに頻繁に起こす突然の激しい憤怒の爆発を、ひたすら受け、ひたすら耐え忍ぶことになったのだ。

　私たちの棲み処は、窮乏ゆえに仕方なく移り住んだ建物だったが、ある日のこと、ちょっとした用事があり、二人で一緒にその貯蔵庫に降りていくことになった。そのとき、急な階段を降りる私に猫がまとわりついてきて、私はあやうく転がり落ちそうになり、我を忘れて激しい怒りに駆られた。そして斧をつかむと、これまで私を何とか抑えてきた子供っぽい恐怖心を怒りのあまり忘れ、猫めがけてふりおろそうとした。もし狙い通りに斧が振り下ろされていたなら、猫はひとたまりもなかっただろう。しかし、私の一撃は妻の手で押しとどめられた。この邪魔のために、さらに火のついたような憤激に駆られた私は、彼女の手から自分の腕をふりほどくと、斧を妻の脳天に振り下ろした。呻き声ひとつあげず、彼女は息絶えた。

　このとんでもない殺人に手を染めた私はすぐ、じっくりと考えを練りながら、いかに死体を隠すかに取り組んだ。昼であろうと夜であろうと、死体を家から運び出せば近所の人目につくことはわかっていた。さまざまなやり方が脳裏に浮かんだ。死体を細かく切り刻み、燃やすことも考えた。地下室の床に穴を掘って埋めようとも思った。外の井戸に投げ込むこと、商品のように箱に詰め、いつものように人を頼んで運び出すことも考えた。そしてついに、最良の案にたどりついた。地下室の壁に塗

りこめてしまうのだ。ちょうど中世の修道僧が、犠牲者たちを壁に塗り
こめたとされているように。（…）

（筆者訳）

The Black Cat

(...) One night as I sat, half stupefied, ①in a den of more than infamy, ②my attention was suddenly drawn to some black object, reposing upon the head of one of the immense hogsheads of Gin, or of Rum, ③which constituted the chief furniture of the apartment. I had been looking steadily at the top of this hogshead for some minutes, and what now caused me surprise was the fact that I had not sooner perceived the object thereupon. I approached it, and touched it with my hand. ④It was a black cat—a very large one—fully as large as Pluto, and closely resembling him in every respect but one. Pluto had not a white hair upon any portion of his body; but this cat had a large, although indefinite splotch of white, covering nearly the whole region of the breast.

⑤Upon my touching him, he immediately arose, purred loudly, rubbed against my hand, and appeared delighted with my notice. This, then, was the very creature of which I was in search. I at once offered to purchase it of the landlord; but this person made no claim to it—knew nothing of it—had never seen it before.

I continued my caresses, and, when I prepared to go home, the animal

---

語 彙

- stupefied：stupefy「ぼうっとさせる」の受け身形。
- hogshead：「大樽」
- constitute：（他）「~をなす」。直訳すると、「その場の主な家具をなしていた大きな酒樽」。少し意訳すると「その場にたくさんならんでいた大きな酒樽」。
- splotch：「斑点」「しみ」
- purred：purr（自）「(猫などが）ごろごろと喉を鳴らす」
- rub：rub（自）against を伴って「(身体などを）~にこすりつける」
- landlord：「酒場の主人」
- claim to ~：「(~に対する権利の）主張」

文 法 解 説

① a den of more than infamy の意味に注意。

わかりにくい人は more than をカッコに入れてみましょう。den「穴」「巣窟」「あじと」。infamy「悪名」「破廉恥」。a den of infamy は、いわゆる「悪所」のことでしょう。

②文の構造に注意。

元になっているのは draw one's attention to ... 「... に（人の）注意をひく」という構文。

「黒い物体に注意をひかれた」の意味になります。attention「注意」を動詞と組み合わせる場合、自分で主体的に注意を向ける場合は、pay attention to、他者が注意を引く場合は、draw one's attention といった慣用的な表現があります。なお、受け身形そのものはごくふつうに英語で使われる表現ですが、後述するようにポオの作品ではこのような用法を積み重ねることで、自分のことなのに思い通りにならない、不可思議な心理状態を描き出すことにつながっています。

③関係詞 which の先行詞に注意。

which の前にカンマがあるので、ここで一呼吸がおかれます（第2章 p53参照）。いわゆる非制限用法の関係詞です。またその前にあるのは hogsheads of Gin, or of Rum という句ですが、これは hogsheads (of Gin, or of Rum) ということで、中心となるのは hogsheads「酒樽」という語です。文脈から which の先行詞はこの hogsheads だと判断できます。

④文の構造を確認。

a black cat を a very large one と同格で受け、さらに fully as large as Pluto と closely resembling him（「プルートとそっくり」）が形容詞句としてつづきます。このように最初に出てきた名詞を、同格や分詞を使いながら後から後から説明していくのが英語のレトリックの一つの基本形なので、この呼吸に慣れたいです。

ただし、ここでは同格で言い直すことで、ちょっとした間が入り、いくつかのニュアンスがこめられてもいるので注意しましょう。ざっと列

115

evinced a disposition to accompany me. I permitted it to do so; ⑥occasionally stooping and patting it as I proceeded. When it reached the house it domesticated itself at once, and became immediately a great favorite with my wife.

For my own part, I soon found a dislike to it arising within me. This was just the reverse of what I had anticipated; but—I know not how or why it was—its evident fondness for myself rather disgusted and annoyed. By slow degrees, ⑦these feelings of disgust and annoyance rose into the bitterness of hatred. ⑧I avoided the creature; a certain sense of shame, and the remembrance of my former deed of cruelty, preventing me from physically abusing it. I did not, for some weeks, strike, or otherwise violently ill use it; but gradually—very gradually—I came to look upon it ⑨with unutterable loathing, and to flee silently from its odious presence, as from the breath of a pestilence.

What added, no doubt, to my hatred of the beast, was the discovery, on the morning after I brought it home, that, like Pluto, ⑩it also had been deprived of

---

語 彙

- evince：（他）「（気持ちを）示す」
- stooping：stoop（自）「かがむ」
- patting：pat（他）「（愛情をこめて）軽くたたく」「なでる」
- domesticate：（他）「家庭になじませる」→ domesticate oneself「なじむ」
- For my own part：「私としては」「私はと言えば」
- fondness for...：「…に対する愛情」
- by slow degrees：by degrees「徐々に」
- disgust：「嫌悪」。動詞形も disgust。
- annoyance：「困惑」「不快感」。動詞形は annoy。
- bitterness of hatred：bitter は「苦い」の意味だが、bitterly cold（「猛烈に寒い」）のように、ネガティヴさを強調するのに使われる。この場合は「激しい憎悪」。
- unutterable：「言いようのない」
- odious：「不愉快な」。英語にはこうした「不愉快さ」や「憎々しさ」を示す語が実に多い！
- as：「〜と同じように」
- pestilence：「疫病」

挙すると以下のようになります。

☞ **言いよどみを通しての語り手のたじろぎ。**

☞ **文章の流れが宙吊りになることでの、息を飲むような緊張感。**

☞ **じわじわと対象が認知されるプロセスを示すことによる、「開示のドラマ」の演出。**

　とくにここはプルートの生まれ変わりのような猫が登場する箇所なので、いかにもおどろおどろしく、たっぷり間を取ってその出現が描出されています。語り手の凝視ぶりまで想像させるような、ドラマチックな瞬間です。

⑤**時間の表現に注意。**

on ...ing は「〜すると直ぐに」の意です。

　短編小説ではあまり長い時間が流れない分、短い時間、とくに緊張感に富んだ「瞬間」の記述に工夫がこらされます。ここではその後につづく immediately とあわせ、非常に短い時間の中で出来事が起きたことを示すことで、その出来事のインパクトを伝えるような書き方がされています。

⑥**分詞構文に注意。**

　occasionally stooping and patting it（ときどきかがんで手を出したりしながら）。セミコロンが入っていますが、「〜しながら」の意味の分詞構文。分詞構文は「同時性」を表現することが多いので、前項で触れた「短い時間」の表現にも役立ちます。

⑦ **and の並列関係に注意。**

　第1章でも触れたように、英語ではこのように似たような意味の語や関連する動作の語を二つ、もしくは三つセットで使うことが多く、とくに様式美を意識した作品にはそうした組み合わせが見られますが、ポオの場合、不可思議な心理や怪奇現象などを描いた、どちらかというと明瞭な様式性から遠いと思える作品でもこうした言葉遣いをすることがあります。

「黒猫」の次の箇所も同様です。

・arose, purred loudly, rubbed against my hand

one of its eyes. This circumstance, however, only endeared it to my wife, who, as I have already said, possessed, in a high degree, that humanity of feeling which had once been my distinguishing trait, and the source of many of my simplest and purest pleasures.

With my aversion to this cat, however, its partiality for myself seemed to increase. It followed my footsteps with a pertinacity which it would be difficult to make the reader comprehend. Whenever I sat, ⑪it ⑫would crouch beneath my chair, or spring upon my knees, ⑬covering me with its loathsome caresses. If I arose to walk it would get between my feet and thus nearly throw me down, or, fastening its long and sharp claws in my dress, clamber, in this manner, to my breast. At such times, although I longed to destroy it with a blow, I was yet withheld from so doing, ⑭partly by a memory of my former crime, but ⑭chiefly—let me confess it at once—by absolute dread of the beast.

This dread was not exactly a dread of physical evil—and yet I ⑮should be at

語 彙

• only：「したにすぎない」
• endear：（他）「かわいいと思わせる」
• degree：「程度」。in a high degree で「かなりの程度」
• distinguishing: distinguish（他）「際立たせる」→ここでは「distinguishing」が形容詞として「際立たせるような」の意味で使われています。
• trait：「特徴」
• aversion：「嫌悪」
• partiality：「好むこと」「なつきぶり」
• pertinacity：「しつこさ」。これはポオの登場（人）物たちの大きな特徴と言える心理。
• crouch：（自）「うずくまる」
• spring upon：（自）「（～に）飛び乗る」
• throw me down：（他）throw ～ down「～を引き倒す」
• clamber：（自）「よじのぼる」
• long：（他）long to 不定詞で「～したがる」
• destroy：（他）「（動物を）殺す」
• withhold ～（人）from ...ing：「～に…させずにおく」
• confess：（他）「～を告白する」。ポオの小説のキーワード。
• dread of ～：「～に対する恐怖」

・occasionally stooping and patting it

　そもそもゴシック小説というジャンルそのものに崇高なものへの畏怖が見え隠れしているので、実は様式へのこだわりはかえって強いとも言えます。

⑧構文に注意。

1）preventing me from physically abusing it

prevent（人）from ...ing で「（人が）…するのを妨げる」

　このように、行為の妨げや抑制を示す動詞は、しばしば前置詞にfrom をとります。

　　例）Please refrain from smoking in the classroom.

　　　　（教室では喫煙はお控えください）

　　　　He restrained himself from drinking alcohol.

　　　　（彼はアルコールをひかえた）

2）preventing は現在分詞で分詞構文をつくります。prevent の主語は主節の I avoided the creature とは異なるので、その主語にあたる a certain sense of shame, and the remembrance of my former deed of cruelty が現在分詞の前に示されています。

3）shame や remembrance といった抽象名詞が主語になっていることに注目。このように人以外が主語になる構文は英語ではごくふつうの用法ですが、ここではある種のニュアンスが読み取れるかもしれません。主人公は自分の心理について語っているわけですが、どうも自分の心であるにもかかわらずあまり自分でそれを把握したりコントロールしたりできていないようです。そのことが主体が受け身になるようなこうした構文によって、より強調されます。

⑨「様態」を示す with の用法に注意。

どんなふうに動作を行ったかを示します（with unutterable loathing「言葉にできない嫌悪とともに」）。

a loss how otherwise to define it. I am almost ashamed to own—yes, even in this felon's cell, I am almost ashamed to own—that the terror and horror with which the animal inspired me, had been heightened by one of the merest chimæras it would be possible to conceive. My wife had called my attention, more than once, to the character of the mark of white hair, of which I have spoken, and which constituted the sole visible difference between the strange beast and the one I had destroyed. The reader will remember that this mark, although large, had been originally very indefinite; but, by slow degrees—degrees nearly imperceptible, and which for a long time my Reason struggled to reject as fanciful—it had, at length, assumed a rigorous distinctness of outline. It was now the representation of an object that I shudder to name—and for this, above all, I loathed, and dreaded, and would have rid myself of the monster ⑯*had I dared*—it was now, I say, the image of a hideous—of a ghastly thing—of the GALLOWS !—oh, mournful and terrible engine of Horror and of Crime—of Agony and of Death !

語 彙

- own：(他)「(罪、欠点などを) 認める」
- felon's cell：「重罪房」
- heighten：(他)「高める」「度を増す」
- merest：「絶対的な」。ここでは chimæra を強めている。
- chimæras：chimaera, chimera ともつづる。「キマイラ (頭はライオン、胴はヤギ、尾はヘビの火を吐く怪獣)」「怪物」。転じて「幻想」「非現実的な考え」。
- indefinite：「不明瞭」「際が曖昧」
- imperceptible：perceive「知覚する」→ perceptible「知覚しうる」→ imperceptible「知覚できない」。
- struggle to ...：「必死に…しようとする」
- reject：(他)「拒絶する」「払いのける」
- fanciful：「想像上の」「とんでもない」「思いすごしの」
- at length：「ついに」
- shudder：(自)「身震いする」。shudder to name で「名前を口にするだけで震えが走る」。
- hideous：「おぞましい」
- ghastly：「ぞっとする」
- gallows：「絞首台」
- mournful：「悲しみに満ちた」

⑩時制に注意。

主人公に会った時点ですでに目が失われていた、つまり過去よりも、さらにひとつ前の過去に目が失われたことになるので、「大過去」を示す**had been**が使われています。

⑪ it の指示物に注意。

ここでの**it**は**cat**、黒猫を指しています。動物や赤ん坊は**it**で受けるのがふつうです。

⑫ would の用法に注意。

この would は過去の習慣を示し、「～したものだった」という意味になります。先に触れたように、この作品ではあっと驚くような展開が、「瞬間的な出来事」として描かれることがたびたびあります。一瞬の気の迷いや、ふとした気づき、我を失った激情などが物語の山場をつくります。

　しかし、こうした山場を生かすためには、その準備段階としてやや弛緩した時の流れもあわせて描き出される必要があります。こうして「黒猫」では鋭く短い瞬間と、何となく幸せだったり、何となく憂鬱だったりするゆるやかな時間の流れとが交互に訪れることになります。過去の習慣を示す would で表現されるのは、後者のゆるやかな時間の流れの方です。なお、緩慢さが、「少しずつ」「徐々に」といった感覚とともに変化するプロセスにも注意しましょう。

⑬構文に注意。

cover ... with ～　「…を～で覆いつくす」

　直訳すると「そのうんざりするようなじゃれつきで私を覆いつくす」という意味になります。意訳するならば「うんざりするほど私にじゃれついてくる」など。

⑭ chiefly by... の用法に注意。

partly by..., but chiefly by ～「部分的には ... によるが、主に～によって」**という意味になります。理由・原因を示す because や by といった語句をこうして partly ... but chiefly ～というふうな対比の中で用い、そのことによって「～というよりも、むしろ～」という論理を導くことができ

⑰And now was I indeed wretched beyond the wretchedness of mere Humanity. ⑱And *a brute beast*—whose fellow I had contemptuously destroyed—*a brute beast* to work out for *me*—for me a man, fashioned in the image of the High God—so much of insufferable wo! Alas! ⑲neither by day nor by night knew I the blessing of Rest any more! ⑳During the former the creature left me no moment alone; and, in the latter, I started, hourly, from dreams of unutterable fear, to find the hot breath of *the thing* upon my face, and its vast weight—an incarnate Night-Mare that I had no power to shake off—incumbent eternally upon my *heart* !

Beneath the pressure of torments such as these, the feeble remnant of the good within me succumbed. Evil thoughts became my sole intimates—the darkest and most evil of thoughts. The moodiness of my usual temper increased to hatred of all things and of all mankind; while, ㉑from the sudden, frequent, and ungovernable outbursts of a fury to which I now blindly abandoned myself, my uncomplaining wife, alas! was the most usual and the most patient of sufferers.

語 彙

- wretched：「悲惨な」
- contemptuously：contempt（他）「軽蔑する」→ contemptuous「軽蔑的な」。
→ contemptuously「あざけるように」。
- work out：（他）「成し遂げる」「ひねり出す」
- wo：（古）woe「苦しみ」「災難」と同じ。
- incarnate：「肉体に具現された」
- shake off：（他）「振り払う」
- incumbent：「もたれかかる」「覆い被さる」（古）→「私の心臓に覆い被さる」。
- torment：「苦しみ」
- feeble：「弱々しい」
- remnant：「残り」
- succumb：（自）「屈服する」
- intimate：「親友」
- moodiness：moody「憂鬱な」「気分屋の」。
- temper：「気質」
- ungovernable：「統御不能の」
- outburst：「ほとばしり」
- uncomplaining：complain「文句を言う」→ uncomplaining「文句を言わないような」。

ます。ここでも「自分の過去の犯罪の記憶のせいというよりも、とにかくその獣がおそろしかった」という意味がこめられています。

　例）partly because..., but mainly because

⑮ should の用法に注意。
この should は仮定法です。「(他にどう言えばいいのかとなると) 言葉に窮してしまうだろう」。

⑯**仮定法に注意。**
had I dared は仮定法として用いられています。 ここでは、主語動詞の倒置で if 節を代替しています→if I had dared。仮定法過去完了にも注意しましょう。「やれるものならやっただろう」というニュアンスになります。

⑰**語順に注意。**
倒置になっています。 now を強調のために前に持ってきたので、I was が倒置されています (元は I was wretched now)。副詞を前に持ってくると、このように主語動詞の順番が入れ替わります。

⑱**構文に注意。**
　a brute beast → 句の中心。主語・動詞のある節ではないが、主語的な働き。
　whose fellow I had contemptuously destroyed　→ 関係詞節。
　a brute beast(二度目) → 反復
　to work out → 不定詞として beast にかかる。その行為を示す。「…が～するとは」。
　for me ― for me →　二つ目は反復。
　a man, fashioned in the image of ... → me を同格的に受け、説明する。
　so much of insufferable wo! → work out の目的語
　意味としては、感嘆文的に「一匹の獣が私にこれほどの苦しみを作り出すとは」もしくは「これほどの苦しみを作り出す獣よ」となります。
　このような構文が示すのは、語り手が感情的になって力んでいるために言葉が渋滞していることと、言葉が小出しになることによってサスペ

One day she accompanied me, upon some household errand, into the cellar of the old building which our poverty compelled us to inhabit. The cat followed me down the steep stairs, and, nearly throwing me headlong, exasperated me to madness. Uplifting an axe, and forgetting, in my wrath, the childish dread which had hitherto stayed my hand, I aimed a blow at the animal which, of course, would have proved instantly fatal had it descended as I wished. But this blow was arrested by the hand of my wife. Goaded, by the interference, into a rage more than demoniacal, I withdrew my arm from her grasp and buried the axe in her brain. She fell dead upon the spot, without a groan.

This hideous murder accomplished, I set myself forthwith, and with entire deliberation, to the task of concealing the body. I knew that I could not remove it from the house, either by day or by night, without the risk of being observed by the neighbors. Many projects entered my mind. At one period I thought of cutting the corpse into minute fragments, and destroying them by fire. At another, I resolved to dig a grave for it in the floor of the cellar. Again, I deliberated about casting it in

語 彙

- errand：「用事」
- cellar：「貯蔵庫」
- compel ... to do：（他）「…に無理矢理～させる」
- exasperated：exasperate（他）「いらいらさせる」
- wrath：「憤激」
- hitherto：「これまで」
- had it descended as I wished ＝ if it had ...：仮定法の条件節。
- Goaded by：goad ～（人）by ...「～を…によってあおり立てる」
- withdrew my arm from her grasp：withdraw ... from ～「～から…を引き戻す」。ここは「彼女の手をふりほどく」の意。
- She fell dead：fall はこのように主語＋fall＋補語（「～（人）が倒れて～になる」）という文型をとる。「倒れて死んだ」の意。
- I set myself to the task of ...ing：「…することにとりかかった」
- deliberation：「熟慮」
- corpse：「死体」
- minute：「細かい」。読み方に注意 [mɑɪn(j)úːt, mɪ-]。

ンスの要素も出てくることです。語り手は本来、読者に近い立場にいる
はずなのに、得体の知れない人のように感じられます。

⑲**構文に注意。**
ここは倒置です。 neither by day nor by night が前にきて強調されてい
るので、knew I と倒置されています。前の一節もそうですが、このあ
たりは語り手の感情がたかぶっているので、このような強調が多くなっ
ています。by day or night は「昼も夜も」、neither A nor B で「A も
B も～ない」という意味になります。

⑳**対応関係に注意。**
the former は day（昼）を、the latter は night（夜）を指しています。
　　During the former the creature left me no moment alone
　　　　「昼間はひとときも猫が私を一人にしてくれず」
　　in the latter, I started, hourly, from dreams of unutterable fear,
　　　　「夜は言葉であらわしようもない恐ろしい悪夢にうなされてひっき
　　　　りなしに目が覚め」
　　こうしたところでも対句的に二つのフレーズがセットになっているこ
とで、語りに様式性が生まれていることが確認できるでしょう。と同時
に、語り手の几帳面で神経質な性格も読み取れるかもしれません。

㉑**構文に注意。**
　　次のような部分を括弧に入れるとわかりやすいでしょう。
　　from the (sudden, frequent, and ungovernable) outbursts of a fury (to which
I now blindly abandoned myself,) my (uncomplaining) wife (, alas!) was the
most usual and the most patient of sufferers.

　　suffer from「～の被害をうける」という構文を思い出せば、sufferer（「被
害者」）と名詞になっても前置詞 from がつづくことがわかります。そう
いう被害を受けた人は他にもいたのでしょうが、主人公の奥さんはその
中でももっとも頻繁に被害を受けた（usual）にもかかわらず、もっと
も辛抱強く我慢した人（patient）だったということです。

the well in the yard—about packing it in a box, as if merchandize, with the usual arrangements, and so getting a porter to take it from the house. Finally I hit upon what I considered a far better expedient than either of these. I determined to wall it up in the cellar—as the monks of the middle ages are recorded to have walled up their victims.

「黒猫」

イリノイ大学出版局から刊行されたトマス・オリーヴ・マボットと

エリノア・D・キューワー編『短編集　1831～1842』（2000年）より引用。

語 彙

- merchandize：「商売をする」
- porter：「運搬作業員」「ポーター」
- hit upon：（自）「～を思いつく」
- expedient：「（急場の）手段」「方策」
- determine to ...：（他）「…することに決める」

the sudden, frequent and ungovernable という形容詞の並びにも注意して下さい。この三つの形容詞はまさに語り手の性格を象徴するものだと言えるでしょう。三つ並べると、この人の難しさが浮き彫りになります。衝動的で（sudden）、しかもそれがしつこく何度も繰り返される上（frequent）、いったんそれが起きてしまうと自分でも抑止できなくなる（ungovernable）、そんな突発的な憤怒（outbursts of a fury）に彼は苦しんでいるということです。しかも、sudden → frequent → ungovernable というふうに順を追って厄介で重い意味を持つ言葉になっています。

「黒猫」をより深く読む

過剰な効果

「黒猫」のポオの文章は見るからに〝効果〟に充ち満ちています。ロマン派というとキーワードは「自然さ」や「率直さ」。さらっとした自然さも連想されますが、ここでは対照的に語り手の口調に**わざとらしいほどの芝居がかった身振り**が見られます。そうした過剰さこそが当時のロマン派の特徴でもありましたが、前項でも触れたようにポオの場合はそのわざとらしさをしっかり計算していた可能性がある。ですから、まずはそうした**過剰さの効果**をとらえておく必要はあるでしょうが、その上で、効果という言葉だけでは説明できないところにも目を向けたい。そうすることで、ポオの持ち味もよりうまく受け取れるはずです。

　引用した部分にはどのような特徴が目に付くでしょう。文章の特徴をとらえるには、まずどんな要素が多いかを確認するといいです。たとえば以下の部分はどうでしょう。

What added, no doubt, to my hatred of the beast, was the discovery, on the morning after I brought it home, that, like Pluto, it also had been deprived of one of its eyes. This circumstance, however, only endeared it to my wife, who, as I have already said, possessed, in a high degree, that humanity of feeling which had once been my distinguishing trait, and the source of many of my simplest and purest pleasures.

私の不快な気分をまちがいなく増幅させたのは、家に連れ帰った翌朝、プルートと同じようにその猫も片目がないのに気づいたことだった。しかし、こんな状態にある猫を妻はむしろ愛しく思った。前にも触れたように妻は人間らしい思いやりにあふれていた。私にしてもかつてはそうで、そうしたやさしい気持ちを持つことから純粋でまっすぐな喜びを得ていたものだった。

ごく素朴なポイントとしてカンマが多いなあと感じないでしょうか。ではカンマが多いとはどういうことか。英語の文でカンマが使われるのはまずは並列です。接続詞を介して節が並列されるとき、名詞や名詞節が同格的に併置されるとき。と同時によく使われるのは挿入のときです。下線を引いたところでは挿入的な用法が確認できます。

　　　What added, <u>no doubt</u>, <u>to my hatred of the beast</u>, was the discovery, <u>on the morning after I brought it home</u>, that, <u>like Pluto</u>, it also had been deprived of one of its eyes.

　このように挿入が多いとどんな効果が生まれるでしょう。もともと文には自然な語順というものがあります。主語、動詞、副詞句というふうに並ぶのが基本。しかし、その中のどこかを強調したい場合、通常の順番を崩して前にもってきたり、本来、別の文にして別立てにした方が整った感じになるのに割りこませたりするわけです。この語り手にはそうした用法が多いように感じられます。

　そこから読み取れるのは語り手の**「力み」の姿勢**でしょう。居ても立ってもいられない。とにかく言いたいことがあって、黙ってはいられない。焦っている。不安定。エネルギー過剰で、誰かに自分の現状を訴えたい、語りたい、という欲求が強い。

語り手はなぜ不安なのか

　こうした語り手の不安定さを引き起こしているのは、明らかに彼が置かれている状況です。それはこんなふうに描かれています。

　　　<u>By slow degrees</u>, these feelings of disgust and annoyance <u>rose into</u> the bitterness of hatred. I avoided the creature; a certain sense of shame, and the remembrance of my former deed of cruelty, preventing me from physically abusing it. I did not, for some weeks, strike, or otherwise violently ill use it; <u>but gradually—very gradually</u>—I <u>came to</u> look upon it with unutterable loathing, and to flee silently from its odious presence, as from the breath of a pestilence.

段々とこの嫌悪感や不快さが、激しい憎悪に変わっていった。私は猫を避ける
ようになった。恥辱の念に苛まれ、かつてのあのひどい振る舞いの記憶もあっ
たので、猫を折檻するようなことはなかった。叩いたり、他の形でいじめたり
ということもないまま数週間がすぎた。しかし、徐々に——ほんとうに徐々に
だが——この猫を見ると何とも言えない嫌悪感が湧き起こってくるようになり、
その不快さに耐えられなくてこそこそと逃げ出すしかなかった。さながら疫病
の息吹から逃げ惑うように。

　下線部に注目してください。これらの語が表現しているのは事態の推
移や変化です。少しずつ、しかし、とどめようがなく、変化が起きる。
ここで強調されているのは、そうした変化が目に付かないほどの微妙さ
とともに起きていること、しかし、微妙ではあってもその変化には抗い
がたい力があるということです。そこに表されているのは、**「抗いがた
い力」の向こうにある超自然的な力、運命のようなものの存在**です。そ
の存在がはっきりとは見えないだけにかえって不気味にも感じられま
す。いや、存在かどうかさえわからないのです。何か邪悪な存在が語り
手を脅かしているということではなく、**「抗いがたい力」はほかならぬ
語り手本人の内側にあるのかもしれません**。だから、語り手は不安にな
る。明白な恐怖や怒りではなく、もっと深く潜行した、形にならない気
持ちの悪い予感が語り手を苦しめることになるのです。そのせいで、彼
の語りは、どこにどう不満をぶつけていいかもわからないまま、不安感
ばかりを募らせた不安定なものになっていくわけです。

インテリの危機

　しかし、こういうふうに書くと語り手の文章がひどく乱れたものだと
言っているように感じられるかもしれませんが、それは違います。この
語り手はかなり知的です。構文的には関係詞を多用し、さまざまな要素
を一つの構造の中に収めている。そういう意味では明らかに**インテリの
文章**なのです。また自分の感情を dislike や loathing といった語を使って
抽象化し、客観視しようとする姿勢もよく出ています。
　こうした知的な語り手の設定は、実はゴシック的なセッティングには
必須です。そもそも語り手が迷信深すぎたり、言葉の扱いが粗雑だった
りすると、その人が描く風景には迫真性が書けてしまい、恐怖や不気味

さの表現がうまくいかなくなる。ですから、ポオは必然的にこのような知的な語り手を設定したとも言えます。**そんな知的な語り手がだんだんと精神的に追い詰められ不安定になっていく**、そこがまさに読みどころになっているとも言えます。本来、言葉で自分や世界をきちっと制御できるはずの人の文章が、だんだん軋みを見せていくわけです。

ポオの視界の独特さ

　さて、ここまではまさにこの作品の「効果」にあたる部分だと言えるでしょう。明らかに実際の書き手であるポオもこのあたりは計算に入れて書いていると思われます。では、この計算を超えた部分はあるのでしょうか。あるいは計算に入っているかもしれないけれど、ポオにとっては非常に大事で、まさにそこが表現したかったという部分。

　私が読んでいてとくに気になったのは、この小説の一つの芯になっている主人公とプルートとの関係が、実は十分に描かれていないということです。とりわけ何度も言及されている猫に対する不快感は dislike, loathing, hatred といった語で言い換えられてはいるものの、その先がない。ここは、もっとさまざまな形容詞や付加的な説明を駆使して細かく微分的に語られるべきものでしょう。しかし、この語り手は dislike, loathing... といった語で止まってしまう。むしろそのことで何かを言えずにいることが示されているようにも感じられるのです。ほんとうはもっと言いたいこと、言うべきことがあるのに言葉にならない。

　冒頭ではどんな表現が「**多い**」かに注目しましたが、逆にどんな部分が「**少ないか**」もしくは「**足りないか**」ということにも注目したらおもしろいでしょう。ほかにも少ないものがあります。**奥さんの描写**です。夫婦ですし、黒猫との交わりの中でもっと奥さんが出てきてもおかしくないのに、なぜか殺される瞬間まで奥さんはあまり出てこない。

　この遠近法の歪みには何か心理的なものが隠されているようにも感じられます。まるで猫と奥さんとが入れ替わっているようにも読めますし、猫も奥さんも語り手のたとえば**お母さんとかお父さんの代わりに出てきている**という読み方もできるかもしれません。いずれにしても、日常世界をこうした歪んだ視界を通して見ることによってしか到達できない心の真実もあるかもしれないことをポオのこの作品は教えてくれるようにも思います。

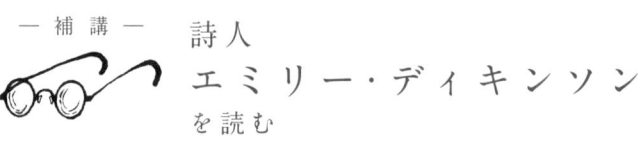

― 補 講 ― 詩人
エミリー・ディキンソン
を 読 む

死 の 香 り 漂 う 独 特 の 世 界

　19世紀の詩人エミリー・ディキンソンは「名言」の名手として知られます。しかし、たとえば同じく名言の名手として知られるオスカー・ワイルドの言葉が、軽快でユーモアと皮肉に満ちているのに対し、ディキンソンの言葉は暗く、重く、神秘的。でも、つい立ち止まって読み直したくなるような独特な吸引力があります。記憶にも残る。

　ディキンソンを話題にするなら、その人生に触れないわけにはいきません。1830年、米国東部マサチューセッツ州はアマーストの生まれで、父親は弁護士。のちに州議会や連邦下院の議員を務めるほどの人物でした。家は裕福で、父が教育熱心だったこともあり、ディキンソンは当時の女性としては第一級の教育を受けています。その出身校マウント・ホリョークは現在でも全米屈指の名門女子大です。

　しかし、活発な少女時代を送ったディキンソンですが、20代の半ばごろから次第に内向的になり、40代になると家から一歩も出なくなります。人とも会わない。今で言う〝引きこもり〟です。毎日白い服を着て、屋内だけで過ごすその姿には尋常ならざる気配が漂っていました。結局、1886年に55歳で亡くなるまで、ほとんど世間との交渉はなかったと言われています。ところが、その死後、遺品の中から膨大な数の詩が発見されるのです。その数は優に千を超えていました。そして活字にもならず、ほとんど誰にも読まれぬまま眠っていた詩を目にした人々はその独創性に驚嘆……。

　まるで絵に描いたような〝伝説の詩人〟です。そしてその作品も、そんな伝説を補強する特色に満ちています。何より目につくのが、死に対するこだわりの強さです。自分の死の風景をめぐる瞑想がしばしば作品にも出てきます。

> I felt a Funeral, in my Brain,
> And Mourners to and fro

Kept treading — treading — till it seemed

That sense was breaking through　(280)*

　　私は葬式を感じた　頭の中で

　　会葬の人たちが行ったり来たり

　　歩いている　歩いている　そうしてついに

　　感覚が裂けていくようだ

　直感による発見が、そのまま言葉にされています。何のことを言って
いるのか、よく考えてみるとわからないのですが、一瞬、さっと目の前
を横切った感覚が表現されているようです。言葉に無駄がなく、一語一
語が鋭利です。

重いテーマと軽みのある表現

　ただ、単に瞑想的というのでもありません。暗いとか悲惨というだけ
では片づかない飄逸さというか、素っ頓狂さのようなものがあります。

　　Because I could not stop for Death —

　　He kindly stopped for me —

　　The Carriage held but just Ourselves —

　　And Immortality.　　　　(712)

　　私が死のためにとどまれなかったので―

　　死が私のためにとどまってくれた―

　　馬車には私たちだけ―

　　それに永遠

　いったい何のことを言っているのかと考えだすと深刻な話になりそう
ですが、まずは言葉の俊敏さに気をつけましょう。ディキンソンの詩は
しばしば、"I felt a Funeral, in my Brain" とか "Because I could not stop for
Death—/ He kindly stopped for me—" といった、「え？」とこちらの意表
をつく短い文、もしくはフレーズではじまります。おそらく詩人も、こ
のような〝一言〟を思いつくことで詩作を開始したのでしょう。彼女の

詩は何より、「切り口」が勝負なのです。

　作品が全般に短いのもそのためでしょう。はじめの「切り口」の衝撃とその余韻とが響いている間に作品をまとめてしまう。語られるテーマは死、永遠、魂、神と深く重いものばかりなのに、一筆書きのような軽やかさがあって何とも言えない解放感にもつながっていきます。

　これだけ短い言葉で人生を、神を、そして死を語ってしまうのはたいしたものです。英語圏の詩人はどちらかというと、蕩々と語ることでこちらを酔わせ口説くタイプの人が多いのですが、ディキンソンは〝つぶやき型〟の詩人です。まるではじめから〝名言〟候補として書かれたかのように、パンチが効いているのです。

Why — do they shut Me out of Heaven?
Did I sing — too loud?　(248)

　　どうして — あの人たちは私を天から閉め出すのでしょう
　　あんまり — 大きい声で歌ったから?

　これも広告のキャッチコピーにでもなりそうな、短い中にも何とも言えない哀切感のこもった一節です。深刻なテーマをぴしっと決まった言葉で語りつつも、どこかから詩人自身の生の声が漏れ聞こえてくる。ディキンソンの伝記的事実がかくも人々の関心を呼ぶのも、詩の中のそうしたプライベートな声に読む人を引きこむ力があるからでしょう。「引きこもり」の原因については、さまざまな憶測がなされてきました。父親との歪んだ関係を指摘する人もいれば、宗教性の強い当時のニューイングランドで、一種の啓示を受けたのではないかとの見方をする人もいる。失恋が原因との説もある。でも、結論としては、よくわからないようです。詩の書き方としても、ダッシュの多用など書記法には謎が多いし、内容の解釈ともなるとそれこそ多種多様。でも、何しろこれは社会と語り合うことを拒絶した詩人が残し、人知れず眠っていた詩群なのです。その寡黙さもまた、抜きがたい個性として尊重するのが一番ではないでしょうか。

〈文献〉

Emily Dickinson. *The Poems of Emily Dickinson: The Reading Edition*. ed. by
　　R.W.Franklin (Cambridge, MA: Belknap, 2005)

Emily Dickinson. *The Complete Poems of Emily Dickinson*. ed. by Thomas H.
　　Johnson (Boston: Back Bay Books, 1997)

新倉俊一訳『ディキンソン詩選』（研究社、2007）

——　『ディキンソン詩集』（思潮社、1993）

亀井俊介訳『対訳　ディキンソン詩集』（岩波文庫、1998）

*1　ディキンソンの作品にはタイトルがつけられてないことがほとんどなのでここで
も慣例にならい、1955年のトマス・ジョンソン版にある通し番号を用いた。

エミリー・ディキンソン
Emily Elizabeth Dickinson 1830 - 1886

アメリカ合衆国のマサチューセッツ州生まれ。詩人。生前は無名だったものの、後年
アメリカの詩を代表する存在として評価される。社会から孤立しながら多くの作品を
残す。

第 5 章

F・スコット・
フィッツジェラルド
「リッチ・ボーイ」
（1926）
を読む

「リッチ・ボーイ」はF・スコット・フィッツジェラルドの代表作の一つです。『華麗なるギャツビー』と同じ時期に書かれ、富のテーマを扱った点でも共通性があるため、しばしばこの二つの作品の関係は注目されてきました。

作品は語り手の含みのある発言から始まります。富を持つ者は「我々」とは何かが違うというのです。しかし、実際に物語でフォーカスされるのは金持ち全般ではなく、アンソン・ハンターという一人の個性あふれる人物です。モデルとなったのはフィッツジェラルドの友人ラドロー・ファウラー(Ludlow Fowler)だ

と言われています。

アンソンは裕福な家庭に生まれ特権的な人生を約束されていましたが、恵まれた環境にもかかわらず、自らの性格的な問題に発した困難に直面し、他者と安定的な関係を築くことができずに幸福とは言い切れない人生を歩むことになります。アンソンの不器用さが富ゆえのものなのか判断が難しいところですが、富める者ならではの葛藤が生じていたのはたしかです。

アンソンは大学を出るとまもなく、同じく豊かな家に生まれたポーラ・リジェンドリと交際をはじめます。しかし、なかなか彼女を受け止

F・スコット・
フィッツジェラルド
F. Scott Fitzgerald
1896 - 1940

米国のミネソタ州出身。狂騒の
1920年代（ジャズ・エイジ）を舞
台にした華美な小説を残す。妻ゼル
ダとの驕奢な暮らしのための生活資
金を得るために、短編や脚本など多
くの作品を残した。死後、米国を代
表する小説家としての名声を得た。
4つの長編小説『楽園のこちら側』
『美しく呪われた人たち』『華麗なる
ギャツビー』『夜はやさし』を残し
ている。

める決意ができず、そのうちに、少
しずつ二人の間にすれ違いが生じて
しまいます。結局、ポーラは別の男
性と婚約し、慢心していたアンソン
は大きなダメージを受けます。その
後、アンソンはポーラとは対照的に
奔放な性格のドリーという女性と交
際を始めますが、ポーラのことがま
だ心に残っているため、彼女には夢
中になれず、結局うまくいきません。
　こうした失敗をへてアンソンは若
くして老成し、むしろ他人の付き合
いにあれこれ助言をすることに専心
するようになります。他のカップル
の幸福を通して、代替的に幸福を得
ることに熱心になるのです。しかし、

そんなアンソンの生き方に大きな影
を落とす出来事が起きます。叔母の
エドナが若い男と情事にふけってい
ることを知ったアンソンが、かなり
きつい忠告を二人にすると、その直
後、相手の男性が自殺してしまうの
です。アンソンの行きすぎた介入が
引き起こした悲劇でした。
　その後、アンソンはポーラと再会
します。ポーラはすでに一度離婚を
経験し、子供も三人いますが、新
しい夫の子供を妊娠していました。
ずっとポーラとのことを引きずって
きたアンソンを前に、彼女の方は新
しい夫に夢中で、無神経なほど幸せ
さを見せつけてきてアンソンは傷つ

きます。しかし、ポーラはその後、出産で命を落とすことになります。

　アンソンは人好きのする魅力に恵まれている反面、強い自我を持ち、どこか意固地で、相手の気持ちに十分に敏感になれないところがありました。加えて彼は自分で思っている以上に、自分の生まれにも束縛されていたのかもしれません。そんな彼の生きざまから少し距離を置きながら、アイロニーと共感との入り混じった視点で語り手はこの金持ちの青年を描き出しています。

英米文学講義

「リッチ・ボーイ」
の読みどころ

フィッツジェラルドとジャズ・エイジ

　フィッツジェラルドが活躍したのは1920年代から30年代にかけてのアメリカです。第一次世界大戦でほとんど直接の被害を受けなかったアメリカは、イギリスをはじめとするヨーロッパ旧列強の各国が没落していくのを横目に見ながら、政治、経済、軍事の各方面で主役に躍り出ます。いよいよ**アメリカの世紀**が本格的に始まった時代でした。とくに20年代には拝金主義が横行。フィッツジェラルドはこの時代を「**ジャズ・エイジ**」と名付けます。享楽的な文化が盛り上がりを見せ、**消費時代**も到来します。通信機器の発達とともに、**マスメディア**の時代が始まったとも言われます。

　フィッツジェラルドはそんな時代の風俗を描きながら、富が人々をどのように惑わし、傷つけていくかという問題を掘り下げます。『華麗なるギャツビー』は愛し合う女性と結ばれなかった主人公が、財産を築いた後、あらためて女性との愛の成就を果たそうとする物語でした。ギャツビーとデイジーは愛し合う中でしたが、ギャツビーが兵役についている間にデイジーは別の男性と結婚してしまいます。そんなデイジーの前に、ギャツビーは謎の金持ちとして再登場します。デイジーの夫のトムやトムの愛人マートル、そしてマートルの夫ジョージなどを巻きこんで事態は複雑化し、結局、デイジーが引き起こした交通事故を引き金にして、ギャツビーはジョージによって射殺されてしまいます。

　『華麗なるギャツビー』は激しい愛憎劇をへて殺人事件に至って終わる、小説としては非常に派手で華やかな作品です。ギャツビーは**アメリカ的なロマン**を体現した人物とも言えますが、他方でそうしたロマンに対する冷めた皮肉な視線も作品からは読み取れます。

　これに対し「リッチボーイ」はどうでしょう。こちらも富や成功は重

要なテーマですが、中編小説ということもあり、派手な事件や大がかり
な場面よりは、ちょっとしたセリフや性格描写、すれ違いやじわっと皮
肉な展開などが味わいどころになっています。とりわけ女性たちとの交
際がうまくいかず、「助言屋」への道を歩むようになったアンソンには、
ギャツビーの強烈な挫折感や悲劇的な運命とは対照的に、より微妙な陰
影と哀愁が漂っているとも言えるでしょう。ギャツビーの展開を支える
のがダイナミックな対決や暴露であるのに対し、アンソンの物語は、彼
自身の性格からくる微妙な葛藤が根にあります。そのせいもあってか、
人物描写はより精妙で、薄暗い部分をとらえているようにも感じられま
す。

語りのアイロニー

　フィッツジェラルドは時代の風俗をとらえるのに秀でた作家でした。
アメリカが世界のもっとも富める国となっていこうとするときの足元の
狂騒ぶりや富への憧れなどが作品中、活写されます。そこには、若い国
ならではの**ロマンティックな衝動**と、それと裏腹の**不安**や**虚無感**とが併
存し、光と闇との交錯が見られます。もちろん20年代と30年代の作品と
の間にはトーンの違いも見られますが、彼の作品には明暗の両方をとら
える懐の深さがつねにあったと言えるでしょう。

　そうした深みを可能にしたのは、作家や語り手と登場人物との間の**距
離間**でした。『華麗なるギャツビー』のニックや、「リッチ・ボーイ」の
語り手は、登場人物にかなりシンパシーを持ちつつも、重要な局面では
彼らの言動を冷静な目でとらえています。この距離感は、1920年代、大
西洋をはさんで展開されたモダニズム運動の中で醸成された**形式意識**と
も無縁ではなかったでしょう。

　ヴァージニア・ウルフは「ベネット氏とブラウン夫人」というエッセ
イの中で、1910年12月を境に**人間の性格**が変わったと言っています。時
期がここまで細かく特定されたのは、この時に開催されたある展覧会を
ウルフが念頭に置いていたためですが、たしかにこの時期、旧時代から
新時代への移行にともなって人間のとらえ方が変わり、その結果、文学
作品などに見られる人間の表し方も変わりはじめたと多くの人が感じた
ようです。文学作品といえども、描写の常識やルールからは自由ではあ
りません。書き方の「**形**」をめぐるさまざまな因習・約束事に縛られざ

るをえない。そんな中、作家たちが新しい表現を模索したのが1910年代、20年代だったということです。

　フィッツジェラルドは過度に**芸術至上主義**に傾くことはなく、あくまで商業的な成功にもこだわった作家ですが、そんな彼にも時代の新しい流れは影響を及ぼしつつありました。そういう時期に生まれた作品が、いったいどんな独自の「形」に結実したか、注意深く読み取っていきたいところです。

リッチ・ボーイ（金持ちの青年）

　（…）アンソンはポーラを圧倒し惹きつける一方で、ひどく不安にもさせた。アンソンはしっかりしているようでひどく自堕落でもあり、こまやかな情愛を見せたかと思うと冷笑的にもなる。おしとやかなポーラにはそんな相反する性格の共存が理解できず、わけがわからなくなって、きっと二つの別々の人格が交代で出てくるのがアンソンという人間なのだろうと思うようになった。アンソンが一人でいるとき、あるいは形式張ったパーティに出ているとき、気楽な関係の若い人間と一緒のときなどは、彼の力強く魅力的な存在感に頼もしい包容力を感じ、ほんとうに誇らしく思った。しかし、場が変わると上品ぶった振る舞いをはねつけるその姿勢がちがった顔を見せる。こちらは野卑でおどけてばかりいる、快楽にしか目がいかないアンソンだ。うろたえたポーラはついアンソンから心が離れ、昔から知っている男友達とひととき秘密裡に付き合ってみたりしたが、長続きはしなかった。アンソンと4ヶ月付き合いそのほとばしるような生気を浴びてしまうと、どんな男も青瓢箪に見えてしまう。

　7月になりアンソンが外地で任務につくことになると、ふたりの恋心は甘く燃え上がった。ポーラは何とか出発前に駆けこみで結婚をと思ったが、何しろアンソンはいつも酒浸りで思いとどまらざるを得なかった。いよいよ離れてみると、ポーラは悲しみのあまり体調を崩すほどだった。アンソンが旅立った後、ポーラは長い手紙を書いて、愛に満ちた日々を送れたはずなのに機を逃したと嘆いた。8月、アンソンの乗った飛行機が北海上に不時着。彼は一晩海を漂流した後、駆逐艦に助け上げられ、肺炎を患って入院することになった。休戦条約が締結されたのは、彼の帰国前だった。

　それから、すべての機会が再び二人の手に戻り、現実的に邪魔をするものがなくなると、目に見えない二人の気質の絡み合いがさまたげになり、キスも涙も味気ないものとなってかけ合う声にも張りが失せた。気持ちがしみじみ通い合うことも難しくなり、遠く離れて手紙でやり取りすることでしか前のように思いを打ち明けられない。ある日の午後、ゴシップ記者がハンター家で二時間もねばり、二人が婚約したか確かめよ

うとした。アンソンは否定したが、にもかかわらず早版にはトップ扱いで「サウスハンプトン、ホット・スプリングス、タキシード・パークなどでいつも一緒のふたり」なる記事が載った。しかし、真剣な話し合いは、いつしか延々とつづく口論へと姿を変え、二人の関係は終わったかと思えた。アンソンはひどく酔ってはポーラとの約束をすっぽかし、態度を改めてほしいとはっきり言われた。しかし、アンソンはひどく気落ちしたものの、自尊心も強く、どうにもならないこともわかっていた。もはや婚約は破棄されたと言ってよかった。

「最愛の人」二人のやり取りにはこんな言葉がならんだ。「最愛の人、最愛の人、真夜中に目がさめてもう終わりかと思うと、死にたくなる。生きていけない。夏に会ってきちんと話をしたら気持ちが変わるかもしれない——あのときは心が乱れて落ちこんでいたから。離れてはとても生きていけない。君は他の人がと言うけど、僕には君しかいないってわからないか、僕には君だけが…」

　しかしポーラは東海岸のあちこちで楽しい思いをしていることを言ってよこし、アンソンの気持ちを揺さぶろうとする。アンソンにはお見通しだった。ポーラからの手紙に男の名前があるとむしろその気持ちが見透かせるようで、見下す気分になった。そんな小細工には乗らない。それでもいつかポーラと結婚したいとは思っていた。（…）

（筆者訳）

The Rich Boy

(...) He dominated and attracted her, and at the same time filled her with anxiety. ①Confused by his mixture of solidity and self-indulgence, of sentiment and cynicism—incongruities which her gentle mind was unable to resolve—Paula grew to think of him as two alternating personalities. When she saw him alone, or at a formal party, or with his casual inferiors, she felt a tremendous pride in his strong, attractive presence, the paternal, understanding stature of his mind. In other company she became uneasy ②when what had been a fine imperviousness to mere gentility showed its other face. The other face was gross, humorous, reckless of everything but pleasure. ③It startled her mind temporarily away from him, even led her into a short covert experiment with an old beau, but it was no

語 彙

- anxiety：「不安」「心配」
- solidity：solid の名詞形。「どっしりしていること」「堅固なこと」。
- self-indulgence：indulgence は「甘やかし」。意味としては「わがまま」「好き勝手」「だらしなさ」つまり「自分に甘い」。
- incongruity：in（否定）+congruous「調和した」「一致した」なので、「不調和な」「首尾一貫しない」。
- grew to：grow to 不定詞「～するようになる」（動詞は know, like, think など行為を表さないものが続く）。
- alternating：alternate（自）「互い違いになる」「入れ替わる」。
- inferior：「後輩」「部下」「目下」。
- tremendous：「大きな」「たいへんな」
- understanding：「物わかりがよい」「分別のある」（「思いやりがある」の意もある）。
- stature：「(精神の) 偉大さ」「才能」
- fine：「引き締まった」「鍛え上げた」
- imperviousness：impervious で「心が影響を受けない」「鈍感な」。
- gentility：「きちんとした作法」「上品さ」
- gross：「野卑な」「低俗な」
- covert：「ひそかな」
- beau：「男友だち」

文 法 解 説

①**分詞構文の効果に注意。**

　confused は過去分詞です。ここでは分詞構文をつくり、原因・理由が示されていると考えられます（As she was confused by → Confused by）。「アンソンはしっかりしているかと思えばだらしなく…彼女としてもすっかりわからなくなってしまったので」。

　ちなみにこの分詞構文を見ると、一つ気づくことがあります。分詞が導く副詞句がわりに長いのです。これはどのような効果をもたらすでしょう。もちろん受験生の人なら「分詞構文がどこまでつづくのかわからなくなって迷惑だ」「入試で出されたらたいへんだ」と思うかもしれません。しかし、まさにこうした受験生的な感想がそれなりに大事なのです。というのも、私たちがふつうに読んで「あれ？」と思うような箇所はネイティブ・スピーカーも含め、どんな人が読んでも読者の負担が大きいからです。そしてこの「負担」のおかげで、こうした箇所が他の部分に比べてより濃厚な作用を持つのです。

　ここでは Confused という過去分詞に続く部分でポーラの混乱や、その大本にあるアンソン自身の性格の二重性が描かれているわけですが、これはまさにポーラにとって（あるいはほかの人にとっても）「アンソンが読めない」ということを書いているとも言えます。その「読めなさ加減」が、少々長めの副詞句を使うことによる宙吊り感を通して強調されているとは感じられないでしょうか。分詞構文というのはあくまで主節あってのもの。その主節がなかなか出てこず、かつそこで、二つの極端の間で揺れるアンソンの様子がフォーカスされることで、ポーラの困惑や迷いそのものが構文のサスペンスという形をとって表現されていると考えられるわけです。

②**構文に注意。**

　when〈what had been a fine imperviousness to mere gentility〉showed its other face という風に括弧を使うと整理されると思います。〈what had been a fine imperviousness to mere gentility〉（単なるお上品さに対する強固に揺るがない姿勢）が主部で、showed its other face（別の面を覗かせる）という動詞とその目的語からなる部分が続きます。

use–after four months of Anson's enveloping vitality there was an anæmic pallor in all other men.

In July he was ordered abroad, and their tenderness and desire reached a crescendo. Paula considered a last-minute marriage—decided against it only because ④there were always cocktails on his breath now, but the parting itself made her physically ill with grief. After his departure she wrote him long letters of regret for the days of love they had missed by waiting. In August Anson's plane slipped down into the North Sea. He was pulled onto a destroyer after a night in the water and sent to hospital ⑤with pneumonia; the armistice was signed before he was finally sent home.

Then, ⑥with every opportunity given back to them, with no material obstacle to overcome, the secret weavings of their temperaments came between them, ⑦drying up their kisses and their tears, making their voices less loud to one another, muffling the intimate chatter of their hearts until the old communication

---

語 彙

• envelop：(他)「つつむ」「くるむ」「覆う」。つまり、アンソンの生命力はこちらを圧倒するような強烈なものだっということ。

• anæmic(=anemic)：「無気力な」「弱々しい」

• pallor：「顔の青白さ」「血色の悪さ」

• crescendo：「最高潮」「絶頂」

• grief：「深い悲しみ」

• armistice：「休戦」「停戦」

• obstacle：「障害」

• weaving：weave の自動詞としての意味は「編む」「組み合わせる」。他動詞としては「織り合わせる」「組み立てる」の意味。この場合は自動詞の意味で動名詞となり、名詞として使われている。「絡み合い」といった意味。

• temperament：「気質」「気性」。以下のような訳になる。
the secret weavings of their temperaments came between them：「二人の気質のひそかな絡み合いが間に入ってきて」

• dry up：(自)「干上がる」「(考え・想像・資源・供給などが) 枯渇する」。この場合は「キスや涙が減った」ととるべきか「味気ないものとなった」ととるべきか微妙なところ。

• muffle：「抑える」「消す」

③ startle の用法に注意。

　startle には「びっくりさせる」「刺激する」の意味がありますが、この場合は away がつづくことで、「動揺させて〜から引き離す」という意味になります。つまり「彼女は気持ちが乱れて一時的に彼から心が離れてしまった」ということです。

④意味に注意。

「いつも酒の匂いをさせている」。つまり「酔っ払っていてまともな話をする機会がない」ということを示します。

⑤ with の用法に注意。

　この with は「〜のために」「〜のせいで」（原因・理由）の意味で用いられています（「肺炎のせいで入院した」）。He's in bed with the flu.（インフルエンザのせいでベッドで寝込んでいる）というような使い方をします。

⑥ with の用法に注意。

　ここは付帯状況の with で、背景となる状況を示します。意味としては「これですっかり（結婚に向けて事を進める）機会を取り戻し、障害もなく…」。ただし、その後の主節が逆接的につづくので、「結婚の機会を取り戻したにもかかわらず」というニュアンスになります。

⑦ ing 形の効果に注意。

　現在分詞による分詞構文で「結果」を示しています。「ひそかな絡み合いが間にはいってきて、〜になり、〜になり、〜になった」の意。

　ところでここでの長い分詞構文にはどのような効果があるでしょう。

　まず言えそうなのは、現在分詞をつづけることで、「詳しく書けばもっといろいろ言えるところを省略しているのですよ」というニュアンスが出るということです。つまり、語り手が手を加えて事態を圧縮しているということです。

　また、このような語り手による「加工」を強調すると、微妙なアイロニーや、場合によっては風刺性も出ます。というのも、ポーラとアンソ

was only possible by letters, from far away. One afternoon a society reporter waited for two hours in the Hunters' house for a confirmation of their engagement. Anson denied it; nevertheless an early issue carried the report as a leading paragraph— they were "constantly seen together at Southampton, Hot Springs, and Tuxedo Park." But the serious dialogue had turned a corner into a long-sustained quarrel, and the affair was almost played out. Anson got drunk flagrantly and missed an engagement with her, whereupon Paula made certain behavioristic demands. His despair was helpless before his pride and his knowledge of himself: the engagement was definitely broken.

⑧"Dearest," said their letters now, "Dearest, Dearest, when I wake up in the middle of the night and realize that after all it was not to be, I feel that I want to die. I can't go on living any more. Perhaps when we meet this summer we may talk things over and decide differently—we were so excited and sad that day, and I don't feel that I can live all my life without you. You speak of other people. Don't you know there are no other people for me, but only you ..."

But as Paula drifted here and there around the East she would sometimes mention her gaieties to make him wonder. Anson was too acute to wonder. When

---

語彙

- a leading paragraph：媒体のトップ記事的な役割を果たす第一段落のこと。
- quarrel：「口論」
- affair：「（短期間の）恋愛沙汰」
- play out：（自）「～使い尽くされる」
- flagrantly：flagrant「目に付く」「きわめて明らかな」。ここでは「明らかに」の意味。
- whereupon：「それに対し」
- behavioristic：behavior「行動」。直訳すると「行動上の」だが、「もっとちゃんとして、という要求」くらいの意でしょうか。
- helpless：「無力な」。ここでは「プライドや自分という人間についての自覚がしっかりとあるために、失望に陥ったとしても心を入れ替えるまではいかない」といったニュアンス。
- go on …ing：「～しつづける」
- as：ここでの as の意味は「～するにつれて」「～と並行して」。
- gaieties：「お祭り騒ぎ」「楽しい出来事」

ンの関係がどう展開したかを書くにあたって、彼らの心理に忠実に描く
だけでなくちょっと距離を置いて語り手の視点から省略的に書けば、同
じ出来事が当事者の経験した生々しい濃厚なものと、語り手がやや離れ
たところからやや軽めに語るものの両方として見えてくるからです。要
するに、読者はポーラとアンソンの関係の変化を、複眼的に見ることが
できるということです。

　アイロニーは、このように一つの対象や言葉の二つの異なる意味（し
ばしば正反対の意味）が示されることで生まれます。

⑧視点の遠近に注意。

　この引用部は全般に話を圧縮したり、曖昧にしたり、間接的に描いて
いる部分が多いため、二人の生の声や振る舞いが後景に退いているよう
に感じられるのが特徴です。おかげでアンソンとポーラの間に距離がで
きているだけでなく、まるで二人が私たち読者の位置からも、一枚何か
を隔てた向こうにいるかのように感じられます。そんなふうにして二人
の関係の変化が表現されているわけです。

　これに対し、⑧の部分では手紙の一節が引用され、私たちは至近距離
から現状をのぞき見るような気分にもなるかもしれませんが、こうした
「唐突な肉薄」はかえってその違和感ゆえ、隔たりの感覚を強調するで
しょう。距離というものは、遠くにあることによってだけではなく、「不
自然な近さ」によっても表現されるのです。

he saw a man's name in her letters he felt more sure of her and a little disdainful—
he was always superior to such things. But he still hoped that they would some day
marry.

「リッチ・ボーイ」

チャールズ・スクリブナーズ・サンズから刊行されたマシュー・J・ブラッコリ編の

『F・スコット・フィッツジェラルド短編集』（1989年）から引用。

• disdainful：「軽蔑的な」「尊大な」

150

⑨意味に注意。

　superior to は「〜よりも上、優位」の意味。ここでは「彼はその程度のことは意に介さない」という意味になります。

「リッチ・ボーイ」を より深く読む

一枚上手の語り手

「リッチ・ボーイ」は決して長くはない小説ですが、あちこちに印象的な一節があります。まず有名なのは出だしです。語り手のちょっとした**「一人芸」**が楽しめる箇所です。

> Begin with an individual, and before you know it you find that you have created a type; begin with a type, and you find that you have created–nothing. That is because we are all queer fish, queerer behind our faces and voices than we want any one to know or than we know ourselves.

> 個人からはじめると、いつの間にか私たちは類型にたどり着くものだ。では類型からはじめたらどうか。何も生み出せない。これは私たちがみな、変わった人間ばかりだからだ。どんな見かけを持とうと、どんなしゃべり方をしようと、自分が他人に知られてもいいと思う以上に、また自分でわかっている以上に、私たちはみな奇妙な部分がたっぷりなのだ。

こんなふうにがつんと言われると、その内容をすっかり理解したり納得したりしているかどうかにかかわらず、その少し斜に構えた歯切れのよい言いっぷりのようなものに気圧され、かつ魅了され、引っ張られるような気分とともに読み進めていくことになります。

このようなちょっと「上手」でちょっと「先を行く」語り口が、「リッチ・ボーイ」の持ち味です。しかも、それは語り手の特徴であるにとどまらず、主人公アンソンのやや突っ張った性格とも呼応していて、うまく作品全体の雰囲気をつくりあげていきます。

この後、細かい読みどころといえば、中盤ではアンソンとポーラやドリーとの会話や、手紙などの小道具の出し方もおもしろいですし、終盤近くの叔母さんとの会話の場面もとてもよく書けていますが、そんな中から引用したのは、アンソンとポーラの関係がどっちつかずのまま迷走

をつづける様子を描いた箇所です。直接的な会話よりは、語り手による俯瞰や分析、見立てなどが目立ち、冒頭同様、「一人芸」に近いと言えるでしょう。

この芸は、他のモダニズム作家に見られる実験的なものとは明らかに違います。この時期、アメリカではヘミングウェイやフォークナー、ガートルード・スタイン、イギリスやアイルランドではヴァージニア・ウルフやジョイスといった作家たちが、ラディカルな小説作法を試していましたが、そうした方法はときに読者に過大な負担をかけます。これに対し、フィッツジェラルドの文章は伝統的な小説作法やレトリックがベースになっているのでほとんど読みにくさは感じさせません。

複雑さと迷いとアイロニーの描き方

具体的に語り手がどのようなレトリックを使いながら語りを進めるか、確認してみましょう。引用箇所では、まずはポーラから見たアンソンという人物の複雑さについて書かれています。冒頭の He dominated and attracted her, and at the same time filled her with anxiety. という一文に読み取れるのは、**コントラスト**、**併置**といった要素です。アンソンは圧倒的な魅力で彼女を虜にするけれど、それが彼女を不安にさせるというのです。このようにアンソンの性格をプラスとマイナスの両面から、いわばシーソーのように行きつ戻りつしながら描き出していくというのがこの一節の特徴です。

アンソンに備わった正負の両面は、ポーラから見るとまるで二重人格のようにさえ見えるとあります。

Confused by his mixture of solidity and self-indulgence, of sentiment and cynicism—incongruities which her gentle mind was unable to resolve—Paula grew to think of him as two alternating personalities.

アンソンはしっかりしているようでひどく自堕落でもあり、こまやかな情愛を見せたかと思うと冷笑的にもなる。おしとやかなポーラにはそんな相反する性格の共存が理解できず、わけがわからなくなって、きっと二つの別々の人格が交代で出てくるのがアンソンという人間なのだろうと思うようになった。

二重人格というとやや病的にも聞こえますが、そこがまさにアンソン
という人物の奥深さにもつながり、何とも言えない哀愁や深みも生み出
しています。ストーリーの上ではアンソンとポーラの関係はうまくいき
ません。後で触れるように作品の終盤では、ポーラと再会したアンソン
がひどく傷つくという場面もあります。しかし、彼女の気持ちがわかり
やすい意味での「愛」という形におさまっていたかどうかはともかくと
しても、アンソンという人物がポーラの心に深く食いこみ、強烈な衝撃
を与えていたのは確かです。こうした強烈さは彼が正の魅力だけではな
く、負の面も持ち合わせたことによるでしょう。

　このように相対立するはずのものが表裏一体になっているという感覚
は、しばしば**アイロニー**という言葉でとらえられてきました。きらびや
かなもの、甘いものが一皮めくると、おぞましいものや悲しいものを隠
し持っている。そんな**苦みの感覚**はとりわけ20世紀以降の小説にはつき
ものです。私たちはそうやって苦さをつきつけられることで特有の**覚
醒感**を味わわされ、それがまさに小説というジャンルの魅力の根源とも
見なされてきました。小説は強烈な苦みをベースにした一種の目覚まし
薬であり、社会を生きる私たちが甘い幻想にひたりすぎて実人生で痛い
目に会う前に注意喚起をしてくれる作用を持っていると考えられるので
す。

光と影の感性

　すでに前項でも触れたように、フィッツジェラルドは繁栄するアメ
リカの光と影の両面を書ききった作家だと言われています。『華麗なる
ギャツビー』も「リッチ・ボーイ」も、そうした正負の両面を描く小説
ですが、二つの相反する傾向が併存することだけがポイントではありま
せん。それよりも、甘いものやきらびやかなものの裏に隠れた「そうで
ないもの」との遭遇のプロセスこそが小説の旨味になっています。苦い
幻滅をはっとするような遭遇感とともに体験するからこそ、私たちは身
を震わせて感動するのでしょう。

　考えてみれば作品の冒頭部でも、こうした裏切りのプロセスは示唆さ
れていました。

That is because we are all queer fish, queerer behind our faces and voices than we want any one to know or than we know ourselves.

どんな見かけを持とうと、どんなしゃべり方をしようと、自分が他人に知られ
てもいいと思う以上に、また自分でわかっている以上に、私たちはみな奇妙な
部分がたっぷりなのだ。

　人間というものはわかったと思えてもわかっていないことが多い。自
分で望むよりも、不可解。あるいは自分でわかっているつもりの自分の
影にも、よくわからないものが隠れているというのです。一寸先は闇。
それが人間の魅力でもあるけれど、裏切られた人にしてみれば、こうし
た影の部分の発見は**幻滅のプロセス**として感じられるでしょう。しか
し、私たちは、そんな幻滅を体験するのがけっこう好きなのです。
　本書の引用部に話を戻しましょう。二つ目の段落はごく短いもので
す。しかも文章は走るように書かれた淡々としたもの。これはいささか
奇妙に感じられるかもしれません。というのも、内容的にはここは非常
にドラマティックに書かれていてもおかしくないところだからです。ア
ンソンは戦地に赴きポーラとの別れを余儀なくされる。深い悲しみに暮
れるポーラ。しかもアンソンの飛行機は北海上に不時着、駆逐艦に救助
されて九死に一生を得ます。

[...]After his departure she wrote him long letters of regret for the days of
love they had missed by waiting. In August Anson's plane slipped down into
the North Sea. He was pulled onto a destroyer after a night in the water
and sent to hospital with pneumonia; the armistice was signed before he
was finally sent home.

アンソンが旅立った後、ポーラは長い手紙を書いて、愛に満ちた日々を送れた
はずなのに機を逃したと嘆いた。8月、アンソンの乗った飛行機が北海上に不時
着。彼は一晩海を漂流した後、駆逐艦に助け上げられ、肺炎を患って入院する
ことになった。休戦条約が締結されたのは、彼の帰国前だった。

　何という劇的な展開でしょう。それなのに、この一連の出来事は十行
にも満たないスペースで、ごく簡単な扱いしか受けないのです。なぜ

か。おそらくそれは、本来であれば恋の成就の助走となったはずの展開が、予想とは逆に幻滅を生むだけだからでしょう。それに続く段落で描かれるように、命からがらアメリカに帰ってきたアンソンはポーラと再会するものの、微妙なもつれやすれ違いから関係は冷めていくばかりです。世間では二人の婚約まで噂されますが、実情はかなり異なっていました。こうした部分にも、表裏のずれが仕込まれることになります。

覚醒感の言語術

　引用部の最後の二段落では、二人があれこれ揺れつつも、かなり末期症状の様相を呈していることがわかります。ポーラがあてつけめいたやり方で男の名前を出したり、アンソンが彼女の意図を見抜き、心動かされないといったあたりには、二人の関係が相当煮詰まっていることが見てとれます。

> When he saw a man's name in her letters he felt more sure of her and a little disdainful——he was always superior to such things. But he still hoped that they would some day marry.

> ポーラからの手紙に男の名前があるとむしろその気持ちが見透かせるようで、見下す気分になった。そんな小細工には乗らない。それでもいつかポーラと結婚したいとは思っていた。

　注意してもらいたいのは、アンソンの心の動きを具体的に描く一節 When he saw a man's name in her letters he felt more sure of her and a little disdainful というあたりの簡潔な表現です。とくに more sure of her and a little disdainful というごくシンプルな書き方には、アンソン自身の冷淡さや冷徹さ、自我の強さなどが表現されています。これに先立つ第二段落では、二人の心の絡み合いは隠喩を駆使した間接的で曖昧な形で描き出されていました。

> Then, with every opportunity given back to them, with no material obstacle to overcome, the secret weavings of their temperaments came between them, drying up their kisses and their tears, making their voices less loud

to one another, muffling the intimate chatter of their hearts until the old communication was only possible by letters, from far away.

それから、すべての機会が再び二人の手に戻り、現実的に邪魔をするものがなくなると、目に見えない二人の気質の絡み合いがさまたげになり、キスも涙も味気ないものとなってかけ合う声にも張りが失せた。気持ちがしみじみ通い合うことも難しくなり、遠く離れて手紙でやり取りすることでしか前のように気持ちを打ち明けられない。

　こうした曖昧で靄のかかったような映像が、まるで靄が晴れるように少しずつくっきりしていくという過程からも、覚醒感に向けた流れが見て取れるでしょう。

　ただ、こうした覚醒はあくまで人物の心に訪れた気分と連動しています。それが如実に出ているのは物語の終わり近く、ポーラと再会したアンソンが、新しい夫に大事にされて有頂天になっているポーラを冷めた気分で見つめている箇所でしょう。二人の気持ちのコントラストがこれ以上ないほどの鮮明さで描き出されています。しかし、このような箇所からもあらためて感じ取れるのは、世界が見えていなかったのはアンソンだけではなかったのかもしれない、ポーラもまた何かを見損ねていたのかもしれない、ということです。「リッチ・ボーイ」はアンソンだけの物語ではなく、ポーラや、その他アンソンの人生を横切ったさまざまな人物たちの物語ともなっている。それだけ個々の人物造形が丁寧になされているということだと思います。

― 補 講 ―

トルーマン・カポーティ
『ティファニーで朝食を』
を読む

小説と映画に共通する「野生」のテーマ

『ティファニーで朝食を』を見たことがある人なら、映画の「猫的」な
ものを記憶しているでしょう。本物の猫もそれなりに活躍しますが、何
といっても主演のオードリー・ヘップバーン。その顔は長い睫毛とく
りっとシャープな目を強調した、これ以上ないほどの「猫顔」にメイク
されています。細身で軽やかな身体も、ベッドの上を転がったり、非常
階段伝いに男性の部屋に入りこんだりと自由自在に動き回る。アパート
に飼われた猫のほうはすっかり形無しで、殊勝にキャットフードなど食
べるさまは、猫顔の主人に比べるとずっと「猫度」も控えめです。

　原作はトルーマン・カポーティの同名小説。映画のほうは、ストーリー
や設定がハリウッド仕立てに変えてあって、売れない小説家の青年は有
閑マダムのヒモということになっています。おかげで話は早い。ホリー
と青年ポールは、異性関係ではおあいこ――つまり、どちらも脛に傷持
つ身だから対等の恋愛関係が築けるのです。結末も映画はわかりやすい
ハッピーエンドで、激しい雨の中、ホリーがポールの腕の中に飛びこむ
シーンなんて完全にロマンスの世界です。

　しかし、変更は加えられているけれど、いちばん大事な部分は小説で
も映画でも共通しています。登場人物たちはいわゆる《アメリカ・ド
リーム》、成功への憧れにかきたてられているのです。作品の中心にあ
るのは、タイトルの通り宝石店「ティファニー」のイメージです。華や
かさと落ち着きとの調和する「ティファニー」は、主人公ホリー・ゴラ
イトリーにとっては理想の場所なのです。しかし、いつか晴れた日に
ティファニーで目を覚まし朝食を食べることになっても、「自分のまま
でいたい」とホリーは言います。

I want to still be me when I wake up one fine morning and have breakfast
at Tiffany's.

「自分のままでいたい」（I want to still be me）とは一見、ふつうの願いですが、それが小説では大きな葛藤を生みます。

　というのも、ホリーにとって「自分のままでいる」とは「野生の女」(a wild thing) でいるということだからです。ここでの英語表現がいわゆる《分離不定詞》(split infinitive) になっているのにも注意しましょう。不定詞表現で to と be 動詞の間に副詞などが入る《分離不定詞》は、「正しい英語」という観点からは本来避けるべきものとされてきましたが、ここでは逸脱的な英語を使うホリーの語り口を示すことで、その「野生」が強調されます。かつて自分を庇護してくれた獣医のもとから逃げ出したことのあるホリーは、施しは受けても拘束されたくはない。お節介_{せっかい}がきらい。男が傷を癒やしてくれても、いずれはそこから去っていきます。考えてみると、ティファニーで目を覚まして朝食を、という夢想にも、無邪気とはいえ、なかなか型破りな性の暗示がありそうです。

　映画ではこの「野生」のテーマを、猫顔のオードリー・ヘップバーンがやわらかい肢体で猫的に演じてみせます。男から男へするっと滑るように移動するその動きを、縦に横にと追うカメラの目が、この映画のいわば「視覚的な肌触り」を作ります。とらえどころはないけれど、柔らかい心地よさが伝わってくる映像です。

文学で想像力をかきたてる「鳥」

　では原作はそのあたりどうなっているかというと、さすがに小説だけあって言葉の力が最大限に生かされています。小説でシンボルとなるのは、猫ではなく鳥。これが実に効いています。記憶に残るのは次の一節です。クリスマスに小説家志望の語り手とホリーとは、プレゼントの交換を行う。語り手が用意するのは、ティファニーで買ったメダル。一方のホリーが用意したのは、ふたりでウィンドーショッピングしたときに見かけた高価な鳥籠でした。「こんな高いものを！」と狼狽_{ろうばい}する語り手に対しホリーはもっぱら涼しい顔ですが、最後にこんな台詞_{せりふ}を付け加えます。

Promise me, though. Promise you'll never put a living thing in it.

「約束よ、生き物を入れないでね」と言うのです。思わず「え？」と思

います。鳥籠をプレゼントしておいて、なぜ鳥を飼ってはいけないので
しょう。

　その心はこうです。自分は野生の鳥、というのがホリーの信条。だか
ら自分のことを思ってくれるのはいい。仲よくなり、助けてくれるのは
いい。でも、籠に閉じこめることだけはしてくれるな。そうなったら、
もうお仕舞い……。

　生きた鳥を入れないためにこそ、鳥籠を用意するのです。何ともひね
りのきいた味のあるプレゼントではないでしょうか。閉じこめないで、
というメッセージを空の鳥籠で伝えつづけるのです。だから小説の結末
はセンチメンタルな抱擁では終わらない。ホリーが濡れ衣で逮捕され、
一時的に保釈されるところまでは映画も同じ展開ですが、原作ではホ
リーはそのまま飛行機に乗って旅立ってしまう。まさに野生の鳥！

　こうしてみると鳥は、文学との相性がいいようです。猫のほうは地
を這うように動き回る。まさに地に足がついている。どこか現実的で、
ちゃっかりして、図々しく、そう簡単にはへこたれない。一箇所にとど
まることもないですが、たしかな温度と感触がある。これに対し、鳥は
まさに地に足がついていないのです。どことなくこの世ならぬ香りが漂
う。儚く、寂しく、幻想的。想像的。しかも、この鳥は実際には・ど・こ・に・
・も・いないときている。鳥と猫は、小説と映画というふたつのメディアの
違いを象徴的に表すとも言えるでしょう。

　ところで、小説作品の「鳥籠」にはもうひとつの深長な意味があります。
売れる小説を書こうとしない語り手にホリーが苛々してこんな
ことを言うシーンがあります。You have an expensive imagination. Not many
people are going to buy you bird cages.「お金のかかる想像力ね。あなたに
鳥籠買ってくれる人なんて、そういないわよ」。そう。空の鳥籠は、ま
さに小説家の想像力を表してもいたのです。「生き物を入れないでね」
と籠を空にしたまま去っていくホリーは、この空白に物語を書かせよう
と作家の想像力を刺激する詩神でもあったのです。

トルーマン・カポーティ

Truman Garcia Capote 1924 - 1984

アメリカ合衆国のルイジアナ州生まれ。小説家、脚本家。『ティファニーで朝食を』『冷血』などの作品で知られ、その多くは映画やドラマ化された。その華やかな交友関係もあり、メディアの注目を集める存在だった。晩年はアルコールや薬物への依存状態に陥った。

第 6 章

アーネスト・ヘミングウェイ
『老人と海』
(1952)
を読む

『老人と海』というタイトルの通り、主人公は老境に入ったベテラン漁師のサンチアゴです。サンチアゴはこのところ「サラオ」と呼ばれる不漁がつづいていて、助手役の若いマノーリンは親から、別の漁師と仕事をするように言われているほどです。いよいよ引退のときが近いのか。

そんな不漁が84日も続いた日、サンチアゴは遠くメキシコ湾流のあたりまで漁に出ていくとマノーリンに告げます。いよいよ運勢が変わると自信を持っているようです。装備を調え、ひとり小舟に乗って海に乗り出していきます。

その午後、サンチアゴは大きなメカジキと遭遇します。針にかかったようです。しかし、あまりに巨大なため、釣り上げることができません。むしろ魚に引っ張られるように小舟は漂流します。そんな中でも彼は魚を逃しません。たぐり寄せようと引っ張る彼の手のひらは、もうぼろぼろです。

この格闘の最中、老人の心にはさまざまな思いが去来します。とりわけメカジキに対する思いは複雑で、半ば同胞意識のようなものが芽生えて「兄弟」と呼びさえする。ほとんど同一化していくのです。

3日目、ついに魚は小舟のまわりをぐるぐる回りはじめます。老人の

アーネスト・ヘミングウェイ
Ernest Miller Hemingway
1899 - 1961

米国のイリノイ州出身。米文学を代
表する作家の一人で、その作品は
20世紀の文学に大きな影響を与え
た。氷山理論とヘミングウェイ自身
が呼ぶ、簡潔な文体を特徴とする。
1954年にノーベル文学賞を受賞。
二度の航空機事故に巻き込まれる不
運の後、1961年に自死を遂げた。

方もすでに疲労困憊、ふらついてい
ますが、最後の力を振り絞って魚を
引き寄せ、その身に銛を突き刺し仕
留めます。メカジキを小舟のわきに
引き寄せて曳航しながら、老人は家
に戻って勝利のひとときを味わうの
を楽しみにします。

　ところが、メカジキの血の臭いに
引きつけられて小舟のまわりにはサ
メが出現します。老人は撃退するも
のの、このとき銛を失ってしまいま
す。ナイフで銛のかわりになる武器
をこしらえ、何匹かは退治したもの
の、サメはひっきりなしにあらわれ、
ついにメカジキの身はほとんど食い
つくされてしまいます。

　港に帰り着いた小舟が引いていた
のは骨だけになった魚の残骸でし
た。人びとはその巨大さに驚きます。
疲れ果てた老人は家で倒れるように
眠りに落ちますが、翌朝、目覚める
と、また漁に行こう、とマノーリン
と約束をかわします。

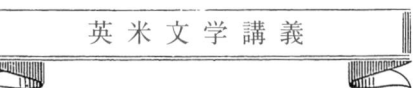
『老人と海』
の読みどころ

ヒーローは自然と戦う

『老人と海』の粗筋には、「まるでハリウッド映画みたいだ」とか「いかにもアメリカ的だ」といった感想を持つ人も多いでしょう。

　たしかにそうです。まずは高々と屹立（きつりつ）する**ヒーロー**の存在があります。ストイックで寡黙で男っぽくて、誰がどう見ても物語のど真ん中にいる。注目度満点で、「俺を応援しろ」感がたっぷりです。加えて、いかにもヒーロー風の苦み走った陰があり、哀愁が漂う。しかも物語の山場は、このマッチョなヒーローの孤独な「闘い」なのです。相手はとりあえず魚だけど、実際には**大自然**そのものを敵に回しているかのような、かなり向こう見ずな挑戦性があります。

　いやあ、アメリカだなあ、と思わずにはいられません。

　実際、このような設定はアメリカの小説に頻繁に見られます。とくに海を舞台にした作品で思い浮かぶのは、クジラを相手に壮大な闘いが演じられるハーマン・メルヴィルの『白鯨』でしょう。クジラに怨念を抱き、地の果てまで追いかけようとするエイハブ船長には常人離れしたところがある。そんな彼の視線の中で、クジラの方もただのクジラをはるかに超えた神秘的な存在となる。

『老人と海』にしても『白鯨』にしても、魚やクジラとの対決はきわめて象徴性が高いです。ただの魚釣りや捕鯨ではなく、格闘を通して心の奥に光があたり、ふつうなら意識しないような内面の暗がりへと読者もいざなわれる。そこには、私たちの等身大の日常感覚ではとらえられないような**神話的な世界**が広がっているのです。

アメリカ小説の独特さ

　どうしてアメリカ小説ではこのような神話的な世界が描かれがちなの

でしょう。

　アメリカ小説を語るときにしばしば言及されるのはイギリス小説との違いです。アメリカは遠く離れた植民地でしたから、本国で流行したさまざまな文物もやや遅れて伝播するのがふつうでしたし、異なる環境の下では異なった発展を遂げざるをえませんでした。近代小説というジャンルもそうです。もともとノヴェル (novel) は18世紀の英国で隆盛を見ましたが、アメリカに根づく過程で、少々異なった形をとっていきます。

　とくによく指摘されるのが、イギリスの小説は写実性が強く、**社会の中での人間のふるまい**を描くことに力点がある、これに対しアメリカ小説では多少写実性は犠牲にしてでも、濃厚で過剰でインパクトの強い**極端な人物や状況、展開**などが描かれることが多いということです。そもそもアメリカでは人物たちを浮かびあがらせるための背景となる社会が十分に成熟していなかったので、主人公が自然や世界や宇宙と直接対決するという構図になりやすかったともいわれます。そこでは他者との交わりの中で個人を描き出すことよりも、個人の内面や思想を徹底的に掘り下げ、それに象徴的な表現を与えるという傾向が強まってきます。そんな中、イギリス的で写実性の高いノヴェルに対し、強烈な個性や極端な展開に特徴づけられたアメリカ的な小説を、古くからある**ロマンス (romance)** という概念でとらえる習慣が定着していきます。

ヘミングウェイの「書き方」

『老人と海』にもこうした特徴ははっきりとあります。ただ、この作品の持ち味はそれだけではありません。とりわけ重要なのは、文体でしょう。

　ヘミングウェイは文体論の授業や研究ではもっともとりあげられることの多い作家の一人です。彼の作品を読むと、誰もが「おや。これは…」とその書かれ方に注意を向けたくなる。スムースに読めないからです。簡単な単語が多く構文も比較的わかりやすいはずなのに、読んでいると引っ掛かりがあって、つい「何だろう？」と身を乗り出してしまう。

　その大きな原因の一つは、**省略**の多さです。やや比喩的な言い方をすれば「寡黙さ」です。作家自身も言っているように、彼の小説は**氷山の一部分**だけ（全体の8分の1くらい）を描き、あとは読者に想像させることを狙っているそうです。読んでいる方としては情報がやや足りないの

で「あれ？」「え？」とたじろぐのですが、このような書き方はかなり意図的なものとのこと。

彼はなぜこのような書き方をしたのでしょう。どのような効果がこの文体から生まれるのか。とくに重要なのは緊張感でしょう。ぴりっとした空気が生まれる。微妙に不吉な予感が混じるからかもしれません。人間でも、無口な人というのは相手をどことなく緊張させるもの。あまりに相手が黙っていると、「ひょっとしてご機嫌斜め？」「俺のこと、きらい？」などと思ってしまう。なんか怖いと感じる。ひんやりした空気が流れる。

よくしゃべりつづける人は――もちろん話し方にもよりますが――こちらの警戒心を緩めてくれます。おそらくガードを解いている感じがこちらにも伝わってくるからでしょう。安心させる。空気もどことなくなごむ。

ヘミングウェイの文章はしばしば「**ハードボイルド**」の典型とされてきました。この用語はアメリカ小説を語るものでありながら、日本で特に好んで使われるようで、アメリカやその周辺の文化のある側面に対する日本人の憧れを象徴する語ともなってきました。ちょっと苦み走って、マッチョで、ストイック。まさに『老人と海』のサンチアゴの生き方そのものなのです。その人物描写の土台には文体があったわけです。

拒絶の心理

ヘミングウェイの省略的な文体のもう一つの重要な効果は、**心理へのアプローチ**と関係します。『老人と海』が出版されたのは20世紀の半ばですが、前章でも触れたようにヘミングウェイが作家として活動をはじめたのは20世紀はじめ、欧米では**モダニズム**と呼ばれる実験的な芸術運動が起きていました。文学の領域でもさまざまな新しい傾向を持つ作品が書かれており、詩人ではＴ・Ｓ・エリオット、エズラ・パウンド、ウィリアム・カルロス・ウィリアムズ、ウォレス・スティーヴンズ、小説家ではヴァージニア・ウルフ、ジェームズ・ジョイスといった人々が活躍していました。

彼らの作風はそれぞれとても個性的で、一つの理念ではくくれないのですが、多くの作家に共通する特徴として、人間の**心の奥をどう表現するか**についての深い関心がありました。彼らは19世紀までの文学の作法

では現代人の心の動きを表現することができないと考え、さまざまな方法を試していきます。ヘミングウェイもそんな時代の空気をたっぷり吸いました。

　多くの部分を描かずにおく氷山理論と、そんな心理へのアプローチには通じるものがあるでしょう。心の動きはそう簡単に言葉にはならない、むしろ描かずにおいたり、ふつうの日常言語とはちがう、複雑な表現を与える必要があるのではないか。エリオットもパウンドもジョイスもウルフも、それぞれのやり方でそうした考えを深めていきますが、ヘミングウェイの作品では、そうした心理が彼の好んで書くストイックでマッチョな人物像に統合され、『老人と海』のような作品世界を生み出すことにつながったと言えるかと思います。

　ただ、ヘミングウェイの一つの大きな特徴は、一見マッチョで拒絶的に見える人物や文体が、実際には共感をシャットアウトするわけではなく、むしろそうした拒絶のジェスチャーによって共感を誘う効果を生み出しているということでしょう。『老人と海』でも、寡黙な語りゆえに、人物の心理をおもんぱかったり、探ったりする衝動を促進します。そのあたりは次のセクションで。

老 人 と 海

　(…)「おい、魚」老人は言った。「お前はもう終わりだ。俺を道連れに
したいのか？」

　こんなことをしていてもダメだと彼は思った。口が渇いて声が出ない
が、水を手に取ることもできない。こんどは奴を舟のわきにひきつけな
いと、と彼は思った。これ以上何回も切り返すのは無理だ。いや、大丈
夫、彼は自分に語りかけた。まだまだやれる。

　次に魚が近づいたとき、ほとんど仕留められそうだった。しかし、魚
は向きをかえてゆっくり去っていく。

　お前、俺をやっつけようっていうんだな、老人は思った。お前なら権
利はあるさ。こんなデカくて、きれいで、静かで品のある魚は見たこと
がないぞ、兄弟。よし。やれるもんならやってみろ。俺をやれ。誰が誰
をやっつけようと同じだ。

　おやおや、頭がおかしくなってきた、と彼は思った。しっかりしなく
ちゃいかん。しっかりして男らしく受難だ。それとも魚らしくか、と彼
は思った。

「おい、頭、しっかりしろ」彼はかすかな声でつぶやいた。「しっかり
するんだ」

　二度切り返し、そのたびに同じことが繰り返された。

　さあて、わからんな、老人は思った。二回とも気が遠くなりそうだっ
た。さあて、わからんな。もう一回やるぞ。

　もう一度、彼は試みた。魚を回り込んだとき、気が遠くなりそうに
なった。魚は向きを変え、大きな尾を水面から出して振りながらゆっく
り遠ざかっていく。

　もう一度だ、老人は心に誓った。しかし、彼の手はもうぼろぼろで、
目もとぎれとぎれにしかものが見えない。

　彼はもう一度やってみたが、同じだった。じゃあ、彼は思った。もう
一度やろうとする前に気が遠くなりそうになった。もう一度だ。

　彼は自分の痛みも、わずかに残った力も、なけなしの誇りも、ぜんぶ
一緒くたにして魚の苦難にぶつけた。魚はわきにやってきて、静かに
そのまま泳いでいる。魚の鼻づらはほとんど小舟の板張りに触れんばか

り。舟のわきを、長く、深く、広く、銀色の上に紫の線を引いた胴体が、果てしなく水を行く。

　老人は綱を下に置き、足をそこに乗せて銛を精一杯高く持ち上げると、ありたけの力をこめ、その上さらに力を振り絞って、高々と老人の胸の高さまで空中に持ち上がっていた魚の大きな胸びれの下の脇腹にそれを刺しこんだ。銛が中に入っていく感触がある。彼は身をもたせかけてより深くその鉄塊を押し込んでから、全身の重みを預けた。

　すると魚は内に死を抱え持ったまま生き生きと現れ、高く水面から飛び出して長く広い体の力と美しさとを見せつけた。まるで小舟に乗った老人の、その上方の空中に浮かんでいるかのようだった。それから海面に落ちると、老人と舟とをしぶきで水浸しにした。

　老人は朦朧として気分が悪くなり、ものも見えなくなった。しかし、彼は銛の綱のからみをほどき、ぼろぼろの素手にすべらせた。そうしてようやく見えるようになった目で、銀色の腹を上にして魚が浮かんでいるのを見た。銛の軸が魚の肩からななめに傾いて突き出し、その心臓から流れ出る血で海は赤く染まっていた。はじめそれは一マイルほどの深さのある青い海に広がる浅瀬のような濃い色だった。それから雲のように広がる。魚は銀色で静かで波に揺られていた。(…)

　（筆者訳）

The Old Man and the Sea

"Fish," the old man said. "Fish, you are going to have to die anyway. Do you have to kill me too?"

That way nothing is accomplished, he thought. His mouth was too dry to speak but he could not reach for the water now. ①I must get him alongside this time, he thought. I am not good for many more turns. Yes you are, he told himself. You're good for ever.

On the next turn, he nearly had him. But again the fish righted himself and swam slowly away.

You are killing me, fish, the old man thought. But you have a right to. ②Never have I seen a greater, or more beautiful, or a calmer or more noble thing than you, brother. Come on and kill me. I do not care who kills who.

Now ③you are getting confused in the head, he thought. You must keep your head clear. Keep your head clear and know how to suffer like a man. Or a fish, he thought.

"Clear up, head," he said in a voice he could hardly hear. "Clear up."

Twice more it was the same on the turns.

I do not know, the old man thought. ④He had been on the point of feeling himself go each time. I do not know. But I will try it once more.

He tried it once more and he felt himself going when he turned the fish. The

---

語 彙

• calmer：calm の比較級。「落ち着いた」「静かな」。more noble とともに thing を修飾。

• suffer：(自)「苦しい目にあう」。ここではややヒロイックなニュアンス。

• go：「気が遠くなる」。

文 法 解 説

①**心理と空間の描写に注意。**

　he thought の一言で明示されているように、I must get him ... の部分は老人の頭の中の言葉ですが、直接話法のような文型で書かれているわりに引用符が無く、地の文との境界が曖昧です。こうした書き方がどんな効果をもたらすか、考えてみたいところです（「より深く読む」参照）。

　また、この作品に描かれるのはきわめて限定された世界です。主な登場（人）物は、老人、魚、舟。描かれる対象がこれほど少ない世界だと、その世界の存在感や肌触りを立ち上がらせるのは簡単ではありませんが、ヘミングウェイはこの一節にも見られるようにさりげなく空間関係や位置関係についての主人公の意識を織り交ぜることで、彫りを深めています。ここでは alongside は「わきに」「平行に」という意味の副詞で、主人公はマカジキを舟の近くまでひきつけ、横から捕らえようとしています。

②**構文に注意。**

　もとにあるのは I have never seen という構文と考えましょう。never が前に出て強調され、助動詞 have も倒置されています。これまでにない存在として、相手（メカジキ）を賞賛するかのような表現です。

　最上級や唯一無比の表現は英語では頻繁に見られ、必ずしも文字通りの「卓越」「唯一絶対」でなくとも、半ば惰性で使われることもよくあります。またある種の粗っぽさやマッチョイズムを反映することもあります。しかし、他方でこの作品では引退間際の老人が人生を振り返るという設定なので、いちいちの最上級に「自分の人生を振り返ってみて、こんなものは今まで見たことがない」というしみじみした響きが感じられもします。作品全体に「人生総決算」の意識から来る哀愁や寂しさ、そして死の予感が漂っているのです。従って、「強め」の表現の背後にのぞく、視点人物の気持ちの揺れのようなものにも注目すべきでしょう。

③**構文に注意。**

　ここは主語・動詞・補語という構文で、get は「（人が）自然に／自分

fish righted himself and swam off again slowly with the great tail weaving in the air.

I'll try it again, the old man promised, although his hands were mushy now and he could only see well in flashes.

He tried it again and it was the same. So, he thought, and he felt himself going before he started; I will try it once again.

⑤He took all his pain and what was left of his strength and his long gone pride and he put it against the fish's agony and the fish came over onto his side and swam gently on his side, ⑥his bill almost touching the planking of the skiff, and started to pass the boat, long, deep, wide, silver and barred with purple and interminable in the water.

The old man dropped the line and put his foot on it and lifted the harpoon as high as he could and drove it down with all his strength, and more strength he had just summoned, into the fish's side just behind the great chest fin that rose high in the air to the altitude of the man's chest. ⑦He felt the iron go in and he leaned on it and drove it further and then pushed all his weight after it.

Then the fish came alive, with his death in him, and rose high out of the water

---

語 彙

- mushy：「粥状の」「どろどろした」。手がぼろぼろの状態ということ。
- going：上記 go と同じ意味だが、ここは ing 形になることで、その刹那にフォーカス。
- bill：「鼻づら」
- planking：「板張り」
- skiff：「スキッフ」。船首が尖り、船尾は四角形になっている、一人乗りで小型の平底船のこと。
- bar：「縞模様をつける」。with... がつくと「～（色）で」の意。
- interminable：「果てしない」。その前の形容詞の連続とともにマカジキを形容。
- line：「綱」
- harpoon：「銛」。魚を突いて捕らえるための道具。
- summon：「（勇気、力などを）奮い立たせる」。この場合は「力を集める」。
- altitude：「高さ」

の意思で〜（の状態）になる」の意味になります。過去分詞は半ば形容詞として機能。あわせて次のことにも注意しましょう。

　英語の you は単なる二人称の「あなた」以外にもさまざまな慣用的な用法がありますが、ここでは自分自身に you と呼びかけています。日本語話者にも、同じように自分で自分に呼びかける心理は存在すると思いますが、もともと日本語の場合、あまり二人称の代名詞を使わないので、訳すときは違和感がないように二人称表現が避けられることも多いでしょう。ただ、西洋語からの翻訳を通し、二人称の言葉で自分を語るというモードそのものが少しずつ日本語に定着してきた可能性はあります。ちなみに多和田葉子『容疑者の夜行列車』や佐伯一麦「ある帰宅」（『木の一族』所収）など、語り手が主人公に二人称で言及する作品も書かれてもいます。

　動詞の ing 形は一般には動作の「継続」を示しますが、この場合は「〜しているところである」というよりは「〜しつつある」というニュアンスが強いと考えられます。つまり、「状態の変化」が示されています。このように使われている動詞の種類によって ing 形の意味が変わることに注意しましょう。

① point の用法に注意。
be on the point of 〜 ing で、「今にも〜しそうである」との意味になります。
「もう精魂つきそうだ」「心が折れそうだ」という気分を表しています。

　老人とメカジキの激闘はまさに「ハードボイルド」な緊張感たっぷりで、読者としても固唾をのんで闘いの行方を見守ることになります。そうした状況の描写では時間をどのように表現するかが工夫のしどころです。これまでに見てきた作品では、『ロビンソン・クルーソー』で主人公が時間の把握をできなくなったり、「黒猫」でゆっくり流れる時間と鋭い瞬間とが交互に現れるといったことを確認してきました。
『老人と海』でも今あげたような要素は重要で、老人の心理状態が変化するにつれ次第に見える世界の風景が変わり、そんな中で時間の流れの描かれ方がどう変わるかに注目したいです。また激闘である以上、闘いの転換点となる「瞬間」がどのように受け取られているかも興味深いと

showing all his great length and width and all his power and his beauty. He seemed to hang in the air ⑧above the old man in the skiff. Then he fell into the water with a crash that sent spray ⑧over the old man and over all of the skiff.

The old man felt faint and sick and he could not see well. But he cleared the harpoon line and let it run slowly through his raw hands and, when he could see, he saw ⑨the fish was on his back ⑩with his silver belly up. The shaft of the harpoon was projecting at an angle from the fish's shoulder and the sea was discolouring with the red of the blood from his heart. First it was dark as a shoal in the blue water that was more than a mile deep. Then it spread like a cloud. The fish was silvery and still and floated with the waves.

『老人と海』

1952年版に基づいた講談社英語文庫版（1991年）から引用。

語 彙

• hang：（自）「浮かぶ」「漂う」
• in the air：「空中に」
• faint：「気が遠くなりそうな」「ふらふらな」
• shaft：「（銛の）軸」
• at an angle：「ななめに傾いて」
• discolouring：discolour（自）「濁る」「色が変わる」
• shoal：「浅瀬」「砂州」

ころです。

⑤ **構文に注意。**

この一節で大事なのは took の目的語が、all his pain と what was left of his strength と his long gone pride という三つの部分からなるということです。he put it against the fish's agony という箇所はわかるようなわからないようなところですが、put … against という表現からは老人がもはやぼろぼろになっている自分と、同じように苦しみでぼろぼろの魚との間にある種の「拮抗」を見て、「勝負の瞬間」を感じているということが読み取れます。また、「より深く読む」でも説明しているように老人の頭そのものがやや朦朧としていることもあります。

⑥ **ing 形（touching）の用法に注意。**

ここでは現在分詞として使われ、分詞構文をつくっています。主文に対し同時性や平行性を示して、「彼の鼻づらはほとんど小舟の板張りに触れそうで」といった意味になります。

⑦ **構文に注意。**

feel は原形不定詞をとる動詞なので、feel＋目的語＋原形不定詞で、「〜が…するのを感じる」の意味になります。ここでは「（鉄でできた）銛が刺さるのを感じた」の意味になります。

⑧ **above、over など空間表現に注意。**

above は位置的に上にあることを示しています。over には「上から覆って」というニュアンスがあります。ごく限られた空間を描きつつも、このように細かく位置関係に言及することで深みや奥行きを感じさせます。

⑨ **on his back の意味に注意。**

通常は on one's back は「仰向けになっている」という状態を示し、「打ちのめされた」という意味にもなりますが、ここは魚なので、泳ぐことができなくなり腹を上にして浮かんでいることを示します。

⑩ with の用法に注意。

with his silver belly up は 付帯状況を示し、「〜という状態になって」という意味になります。上記にある通り、おなかが上になっている状態です。

言語設定が示唆すること

『老人と海』はキューバの漁師の話で、ふつうに考えれば話されている言語はスペイン語です。実際、作品のところどころにスペイン語の単語も出てきます。ということは、本作品の文章には、もともとは英語でないものを仮に英語で表現しているという含みがあると言えます。このことを頭に入れると、ちょっとおもしろいことに気がつきます。

それはヘミングウェイの作品でもとくに平易な言葉で書かれているこの作品が、まさにそれゆえに一種の疑似翻訳性を演出しているということです。翻訳はとりあえずは言語的な「境界越え」なわけですが、それはさらに別のレベルの「境界越え」、あるいは少なくとも「境界意識」の準備をしているのかもしれません。そのあたりは「より深く読む」の項をご参照ください。

方言や複雑さによって言葉のエキゾティシズムを示すのではなく、むしろ平易さによってその計り知れなさや境界性を示すというのはなかなかおもしろいでしょう。現代になると、J・M・クッツェやカズオ・イシグロがといった作家が、癖のない平易な文体を通して体臭のない無国籍的な雰囲気や特有のエキゾティシズムを創出するのに成功しています。

『老人と海』を
より深く読む

心の声の描き方

　本書に収められている他の文章と比べると、ヘミングウェイの作品は語彙からしても明らかに平易に見えるでしょう。熟語や構文の知識がためされるような難読箇所もほとんどありません。また氷山理論とは言っても、少なくともこの引用箇所はそれほどの省略は感じられないので、作品を通して読んできた人なら文脈は理解できます。

　ただ、シンプルですっきりしているからといって、さらさらっと斜め読みしてしまうと、大事な部分を読み飛ばしてしまうかもしれません。たとえば次のような箇所です。

　　You are killing me, fish, the old man thought. But you have a right to. Never have I seen a greater, or more beautiful, or a calmer or more noble thing than you, brother. Come on and kill me. I do not care who kills who.

　　Now you are getting confused in the head, he thought. You must keep your head clear. Keep your head clear and know how to suffer like a man. Or a fish, he thought.

　　"Clear up, head," he said in a voice he could hardly hear. "Clear up."

　お前、俺をやっつけようっていうんだな、老人は思った。お前なら権利はあるさ。こんなデカくて、きれいで、静かで品のある魚は見たことがないぞ、兄弟。よし。やれるもんならやってみろ。俺をやれ。誰が誰をやっつけようと同じだ。
　おやおや、頭がおかしくなってきた、と彼は思った。しっかりしなくちゃいかん。しっかりして男らしく受難だ。それとも魚らしくか、と彼は思った。
　「おい、頭、しっかりしろ」彼はかすかな声でつぶやいた。「しっかりするんだ」

　老人がマカジキとの格闘に疲れ果て、頭が朦朧としてきた場面です。大海原に浮かぶ小舟には、老人が一人乗っているだけ。そんな極限状態の孤独な環境で発せられる言葉は、ふつうの状況で発せられる言葉とは

明らかに何かがちがうでしょう。

　たとえばここでは発せられている声と、実際には発せられていない声との区別がかなり不分明になりつつあります。You are killing me, fish, the old man thought. というところは、これが**「内面の声」**だということが明示されています。そのあとにつづく部分も、この the old man thought の続きと考えられるでしょう。

　　Never have I seen a greater, or more beautiful, or a calmer or more noble thing than you, brother. Come on and kill me. I do not care who kills who.

　　こんなデカくて、きれいで、静かで品のある魚は見たことがないぞ、兄弟。よし。やれるもんならやってみろ。俺をやれ。誰が誰をやっつけようと同じだ。

　しかし、このように老人の心の声が引用符もないままつらなっていくと、まるで、それが直接話法で語られた声のようにも感じられてきます。
　なぜこのような誤解を招くような書き方がされているのでしょう。作家はこのあたりの「心の声」をよりはっきりと「ここは心の声にすぎないのですよ。実際には老人は口に出していないのですよ」と示すこともできたはずです。たとえば合間に老人の動作や事物の描写を増やせば外界がくっきりと際立ち、**内と外**という対立が明瞭になる。あるいは「声」の方に、ちょっと抽象的で思考のプロセスを示唆するような言葉を入れることで、ふつうの発話とは異なる、いかにも「心の声」らしい内面性が表現される。そういうやり方でも、内と外の対立はわかりやすくなるでしょう。よりストレートには it seemed to him とか it occurred to him といった、視点や境地など**「心のジェスチャー」**を示す言葉を増やせば、区別ははっきりする。
　しかし、少なくともこの場面では心の内と外の区別はかなり曖昧になっています。読者としては、少々慎重に読まざるをえない。不便です。にもかかわらずこうした叙述になっているのは、内と外の区別を曖昧にすることで表現されるものがあるからです。まず一つ目として、この曖昧さを通して作品の基調にある**硬質の読み心地**が形作られる。そこには、読者に手取り足取り状況を説明する親切な語り手はいません。まるで「ほらよ」とぞんざいに料理の皿を出してくるような、ちょっと不

機嫌で、寡黙な料理人のようです。はじめは読者も面食らうかもしれません が、慣れてくると、まさにそれがこの作品の味わいだとわかる。

シンプルで、ドライで、荒削り。それだけにインパクトも強い。細やかな情緒より、荒っぽい動きや、生死の境を垣間見せるような緊張感。『老人と海』を読む体験から得られるのはこのような感覚でしょう。

文章の「乱れ」の効果

しかし、もう一つ注目したいことがあります。これは必ずしも『老人と海』に限ったことではありませんが、物語が佳境に至ったことを示すのに、登場人物の知覚や思考に異変が生じている様子を描くということはよくあるのです。実際、この場面でも老人が**尋常ならざる心理状態**にあることは示されています。

Now you are getting confused in the head, he thought. You must keep your head clear. Keep your head clear and know how to suffer like a man. Or a fish, he thought.

"Clear up, head," he said in a voice he could hardly hear. "Clear up."

おやおや、頭がおかしくなってきた、と彼は思った。しっかりしなくちゃいかん。しっかりして男らしく受難だ。それとも魚らしくか、と彼は思った。

「おい、頭、しっかりしろ」彼はかすかな声でつぶやいた。「しっかりするんだ」

あれれ、オレ、変だな、と自分でもわかっているようです。だからこそ "Clear up" と「声」を物理的に発し、内面にとめどなく広がる錯乱気味の「心の声」を抑えつけようとしているようにも見えます。

しかし、そうした老人の自覚はよけいに危機感を際立たせます。物語がさらに緊張感を高めるにつれ、文章には絶妙な形で「乱れ」が組み込まれていきます。

He took all his pain <u>and</u> what was left of his strength <u>and</u> his long gone
　　　　　　　　　①　　　　　　　　　　　　　　　　②
pride <u>and</u> he put it against the fish's agony <u>and</u> the fish came over onto his
　　　③　　　　　　　　　　　　　　　　　④
side <u>and</u> swam gently on his side, his bill almost touching the planking of
　　　⑤
the skiff, <u>and</u> started to pass the boat, long, deep, wide, silver <u>and</u> barred
　　　　　⑥　　　　　　　　　　　　　　　　　　　　　　　　⑦

with purple <u>and</u> interminable in the water.
⑧

> 彼は自分の痛みも、わずかに残った力も、なけなしの誇りも、ぜんぶ一緒くた
> にして魚の苦難にぶつけた。魚はわきにやってきて、静かにそのまま泳いでい
> る。魚の鼻づらはほとんど小舟の板張りに触れんばかり。舟のわきを、長く、
> 深く、広く、銀色の上に紫の線を引いた胴体が、果てしなく水を行く。

　下線で示したように and が次々に出てくるのですが、微妙にレベル
の違う and が混在しているため、ここも読者がやや混乱しがちです。
and ①と and ②は took の目的語を併置、and ③は「彼」の一連の行為を
併置、and ④は「彼」から「魚」への焦点の移行を示し、両者の行為を
対照、and ⑤は「魚」の二つの行為を併置、and ⑥は「魚」の行為を一
つ追加、and ⑦は色の描写を併置、and ⑧は「魚」についての long, deep
... というひと連なりの修飾語をまとめる（A, B and C のように）という
形で、何となく読んでいると、どれとどれが併置されているのかやや混
乱してきます。今にもわからなくなりそうです。
　しかし、このような、**「今にもわからなくなりそう」**だという感覚こ
そがここでは重要なのです。さきほどの「声」の所在の不明瞭さと同じ
で、境界が「今にもわからなくなりそう」なことを文章のレベルで表現
することで、**事態の切迫**が示されるからです。
　ここではバランスが大事でもあります。いくら危機が訪れているから
といって、文の構造を崩壊させたり、老人が狂気に陥ったりすれば、読
者はついていけなくなって興ざめでしょう。ここでは文章も心理も、危
機的な状態ではあってもこちら側に踏みとどまっています。そのぎりぎ
りの感じ、「今にもわからなくなりそうだけど、まだ何とかわかる」と
いう感覚がこの場面を力のあるものにしています。そのようにぎりぎり
の理性につなぎとめられていればこそ、決めの一節も生きてきます。老
人がついにマカジキを仕留める場面は次のように描かれています。

> Then the fish came alive, with his death in him, and rose high out of the
> water showing all his great length and width and all his power and his
> beauty.

すると魚は内に死を抱え持ったまま生き生きと現れ、高く水面から飛び出して
　　長く広い体の力と美しさとを見せつけた。

　ここは文章としては簡潔に見えるかもしれませんが、the fish came alive, with his death in him とか、showing all his great length and width and all his power and his beauty という部分には、日常感覚の超越が見られます。常識的な感覚では理解できない境地が描かれているのです。しかし、これまでの「境界の曖昧さ」や「乱れ」をへてきた読者は、こうした感覚を十分に受け入れることができます。まさにこのような地点にまで上り詰めるためにこそ、今までの「乱れ」があったとさえ言えるのかもしれません。
　『老人と海』の主人公は孤高の人で、そう簡単に他人には弱みを見せません。心のうちを明かさない。素朴な言い方をすれば、何だか**愛想がない**。しかし、どうもこの人は何かを隠し持っていて見せないというわけでもなさそうなのです。というよりは、**内側と外側の境界の作られ方**がふつうの人とはちがうらしい。その内面は実は巨大で、人間などはるかに超えて魚や海にまで及び、それらと混じり合ってしまう。そんな極端な心理世界をこの一節は表現しえているのではないでしょうか。

第 7 章

村上春樹
「シェエラザード」
（2014）
を読む

　『女のいない男たち』は2014年刊。村上春樹の短編集としては13冊目になります。数多くの長編小説を執筆してきた村上が、こうして短編作品も多く書いているというのは、注目すべきことでしょう。この作家の創作原理を理解するには短編作品も重要な入口となりそうです。

　本書に収められているのは「ドライブ・マイ・カー」「イエスタデイ」「独立器官」「シェエラザード」「木野」「女のいない男たち」の六編です。表題作のタイトルはヘミングウェイの短編集 Men Without Women を意識したもので「女」というテーマが明確に打ち出されており、収録さ

れた短編のいずれでも何らかの形での女性との別れや付き合いの難しさが描かれています。

　今回とりあげたのはその中の「シェエラザード」。「シェエラザード」は「千夜一夜物語」で王に千の物語を語って聞かせる王妃の名前です。本作でも、ある女性が主人公羽原にセックスのたびに「ひとつ興味深い、不思議な話」を聞かせてくれるという設定になっています。主人公は彼女に「シェエラザード」というあだ名をつけます。

　シェエラザードは自分の前世が「やつめうなぎ」だったと言います。やつめうなぎはふだんは水草にまぎ

村上春樹
1949 -

京都市出身。1979 年に『風の歌を聴け』が群像新人文学賞を受賞し、デビュー。『ノルウェイの森』『世界の終りとハードボイルド・ワンダーランド』などのベストセラーを発表、その作品は 50 を超える他言語へ翻訳されるなど、世界中に読者を持つ。フランツ・カフカ賞やエルサレム賞を受賞している。サリンジャーやフィッツジェラルドなどの作品翻訳も行っている。

れて暮らし、鱒が通りかかると吸盤で吸いついてその肉を食べるのだそうです。そしてシェエラザードはそんなやつめうなぎらしいエピソードを彼に話してくれます。彼女は高校生の頃、あるクラスメートに恋をしました。しかし、告白はできない。そのかわり、彼女は彼の家に忍び込み、その持ち物を盗みます。そして、盗むのと引き替えに、自分の持ち物をそこに置いてきます。彼女の行為はとても動物的なものに思えます。

　そんな話を聴いているうちに、羽原はすっかり彼女の話術に魅了されます。そして、自分にとっては女性とセックスをすることよりも、その話に耳を澄まし親密な時間を共有することの方が大事なのだと悟りますが、いずれそんな相手を失なわざるを得ないだろうことをも哀しさとともに予感しています。

「シェエラザード」
の読みどころ

村上春樹にとっての短編小説

多くの日本の作家と同じように、村上春樹はまずは比較的短めの**中短編**作品を発表することで作家として地歩を築き、やがて本格的な**長編**でその地位を確立しました。1980年代の村上は『羊をめぐる冒険』、『世界の終りとハードボイルド・ワンダーランド』、『ノルウェイの森』などの長編が次々に話題になり、その後も『ねじまき鳥クロニクル』（1994〜1995）、『海辺のカフカ』（2002）などを順調に発表、2009年から2010年にかけて刊行した『1Q84』は記録的なベストセラーとなります。こうした長編ではミステリアスな人物や、暗号めかしたメッセージなどとともに、深まる謎の中で主人公が探求をつづけるという要素が強いのですが、『ねじまき鳥クロニクル』や『1Q84』のように現実に起きたと思われるような事件を取りこむものも増えています。

村上はこうして長編を発表する傍ら、若い頃からの習慣も守り続けてきました。一つは短編を一定のペースで発表すること。もう一つは英語の小説作品を自ら翻訳することです。

前者については、初期の『風の歌を聴け』『1973年のピンボール』といった中編も断片性が強く短編的な作品と言えるのですが、こうしたものに限らず、きちんとオチのあるいかにも短編らしい作品も数多く発表されています。短編作品の執筆に彼が意味を見出していることがうかがい知れるわけです。発表された短編の数はすでに百を超えており、短編集としては2020年刊行の『一人称単数』を入れて13冊ほどになります。

リハビリとしての翻訳

これとあわせて、**翻訳**という行為も大事です。村上にとって翻訳は一種の**「治癒行為」**（『村上春樹翻訳（ほとんど）全仕事』（2017））であ

り、書くことがつらくなったときに精神の回復を助けてくれるのだと本人が言っています。たしかに作家としての地位や生活が確立されたあとの村上にとっては、そのようなリハビリ行為としての翻訳が重要な意味を持ってきたようです。しかし、同時に頭に入れておくべきは、村上にとって**英語圏**、とくに**アメリカの作家**から受けた影響がきわめて大きかったということもあるでしょう。彼がこれまで訳してきた作家をならべてみると、F・スコット・フィッツジェラルド、レイモンド・カーヴァー、レイモンド・チャンドラー、トルーマン・カポーティ、J・D・サリンジャー、ジョン・アーヴィング、ティム・オブライエンなど、明らかに彼自身の創作作法とつながりを感じさせる人が多いようです。英語圏作家からの抜粋を掲載した本書にあえて村上春樹作品を含めたのは、日本語で書いているとはいえ、実際にはアメリカ文学を含めた「英文学」の一部とみなしてもいいほど村上春樹が英語圏の作家の影響のもとにあるからであり、また今や彼が英語圏の作家に対し影響を与えつつもある、つまりそれだけ「英文学」もしくは「世界文学」というコンテクストに彼がしっかり組み込まれていると思えるからです。

　村上春樹は若いころから、日本特有の**湿潤な文学風土**が嫌で仕方がなかったと言っています。日本の近代文学で長らく主流の位置を占めてきたのは、**自然主義系の私小説作家**たちでした。彼らは自身の病苦や金銭的な困窮、酒癖、女性問題などをこれでもかとしつこく書きつらね、いかに自分がみじめな人生を送っているかを読者につきつけてきました。実にウェットな世界で、貧乏サブライムとも、悲惨自慢とも言っていいような自虐的なスタンスが見えます。

　これに対し村上春樹作品の主人公たちはさわやかでスマートです。作家の日常生活の些事を身辺雑記風に書くかわりに、作品世界はこざっぱりしてどこか抽象的でさえある。細部は上手に省略され、それゆえ体臭や雑音のあまりない輪郭の明瞭な世界像が提示されます。女性にねちねちとからんだり、うまく別れられなくて修羅場になったりすることもありません。村上作品では美人風でミステリアスな女性が向こうからさっと寄ってきて、主人公に肉体関係を求めたりする。そうかと思うと、いきなり失踪したり、自殺したりする。生活風景としても、みじめったらしい汚れた生活用品ではなく、パスタとかシェーヴィングクリームとかウィスキーとかジャズとかアイロンとかシャツといったカタカナ語で示

されるものが目立ちます。そこには、どことなく欧米文化の気配が感じ
取れます。

　そんな村上春樹のスタイルは、「欧米なんてナニクソ！」と構えてい
た文学青年たちの神経を逆なでしたことでしょう。パスタやシェーヴィ
ングクリームやアイロンやピンボールが並ぶ風景は、文学的どころかア
メリカ流の消費文化への迎合と見えたのです。村上春樹がデビューした
1970年代末は、まだ**全共闘世代**の権威や**大資本への抵抗**が余韻として
残っていました。そんな中で『風の歌を聴け』や『1973年のピンボール』
といった作品には、文壇を覆うやや古めかしい文学観に対する若き作家
の少々尖った姿勢が明瞭に出ているだけに、さまざまな反応が見られた
ようです。

　しかし、この時代、すでに新しい空気も生まれつつありました。闘争
に明け暮れた60年代とは対照的に、70年代の若者のキーワードとなった
のは**「しらけ」**でした。大きく構える硬派の政治闘争の時代は、**ミニマ
ルな日常感覚**の中で自己のこだわりに忠実に生き、巨大なうねりや熱狂
からは距離を置く冷めた**諦念**の時代にとってかわられつつありました。

　村上春樹の作品でも、彼が好んで使う**「やれやれ」**という表現に凝縮
されているように、「諦念」は大きな意味を持っています。喪失感、無
力さ、諦め、悲哀などは彼の作品で頻繁に言及される感覚です。しかし、
村上はそれをウェットな哀切感として作品に充満させることはありませ
ん。そのかわりに――ちょうど『女のいない男たち』の各編に見られる
ように――登場人物たちを襲う**「不可能」**がシャープな驚きとともに、
ときにはコミカルに、ときには人を食ったような不条理として、鋭利に
つきつけられるのです。

　明治以来、日本の多くの作家が欧米文化・文学の影響を受けてきまし
た。中には高村光太郎や永井荷風、夏目漱石、森鷗外のように実際に現
地の文物に触れてきた人もいました。日本の近代文学は、その初期から、
否応なく欧米の文学地図に組み込まれてきたのかもしれません。

　しかし、こうした作家たちも、後の時代の人から見ると驚くほど日本
の湿潤な文化風土に組み込まれているようにも見えます。そんな系譜の
中で村上春樹は、一つの大きな画期をもたらした作家だと言えるでしょ
う。それを実現したのは、アメリカ的なものから彼が受けた影響が、消
費文化的なものというより、あるいは思想的なものというより、何より

言語的なものだったからもしれません。次のセクションではこのことを具体的に確認してみたいと思います。

「シェエラザード」

「私の前世はやつめうなぎだったの」とあるときシェエラザードはベッドの中で言った。とてもあっさりと、「北極点はずっと北の方にある」と告げるみたいにこともなげに。

やつめうなぎがどんな格好をしたどんな生き物なのか、羽原はまったく知識を持たなかった。だからとくにそれに対して感想は述べなかった。

「やつめうなぎがどうやって鱒を食べるか知っている?」と彼女は尋ねた。

いや、知らない、と羽原は言った。やつめうなぎが鱒を食べるなんていうこと自体初耳だった。

「やつめうなぎには顎がないの。そこが普通のうなぎとは大きく違っている」

「普通のうなぎには顎があったっけ?」

「鰻をちゃんと見たことないの?」とあきれたように女は言った。

「ときどき食べるけど、顎まではなかなか見る機会はない」

「今度どこかでよく見てみるといいわ。水族館とかに行って。普通のうなぎには顎もあるし、ちゃんとした歯もついている。でもね、やつめうなぎには顎がまったくないの。そのかわり口が吸盤みたいになっている。その吸盤で河や湖の底の石にくっついて、逆さになってゆらゆらと揺れているの。水草みたいに」

羽原は水底でたくさんのやつめうなぎが水草のように揺れているところを想像した。それはなんとなく現実離れした光景だった。とはいえ現実が往々にして現実離れしていることを羽原は知っていた。

「やつめうなぎは実際に水草にまぎれて暮らしているの。そこにこっそり身を隠している。そして頭上を鱒が通りかかると、するすると上っていってそのお腹に吸い付くの。吸盤でね。そして蛭みたいに鱒にぴったりくっついて寄生生活を送る。吸盤の内側には歯のついた舌のようなものがあって、それをやすりのようにごしごしと使って魚の体に穴を開け、ちょっとずつ肉を食べるの」

「あまり鱒になりたくないな」と羽原は言った。

「ローマ時代にはやつめうなぎの養殖池がほうぼうにあって、言うことをきかない生意気な奴隷たちが生きたままそこに投げ込まれ、やつめうなぎたちの餌にされたということだけど」

　ローマ時代の奴隷にもなりたくない、と羽原は思った。もちろんどんな時代の奴隷にだってなりたくないけれど。

「小学生の頃、水族館で初めてやつめうなぎを見て、その生態の説明文を読んだとき、私の前世はこれだったんだって、はっと気がついたの」とシェエラザードは言った。

「というのは、私にははっきりとした記憶がある。水底で石に吸い付いて、水草にまぎれてゆらゆら揺れていたり、上を通り過ぎていく太った鱒を眺めたりしていた記憶が」

（…）

「君はそこで何かを考えていたんだ」

「もちろん」

「やつめうなぎはどんなことを考えるんだろう？」

「やつめうなぎは、とてもやつめうなぎ的なことを考えるのよ。やつめうなぎ的な主題を、やつめうなぎ的な文脈で。でもそれを私たちの言葉に置き換えることはできない。それは水中にあるもののための考えだから。赤ん坊として胎内にいたときと同じよ。そこに考えがあることはわかるんだけど、その考えをこの地上の言葉で表すことはできない。そうでしょ？」

「ひょっとして君は、胎内にいたときのことを思い出せるの？」と羽原は驚いて言った。

「もちろん」とシェエラザードはこともなげに言った。そして彼の胸の上で首を僅かに傾（かし）げた。「あなたは思い出せないの？」

　思い出せないと羽原は言った。

「じゃあ、いつかその話をしてあげる。私が胎児だった頃の話を」

　羽原はその日の日誌には「シェエラザード、やつめうなぎ、前世」と記録しておいた。もし他人がそれを目にすることがあっても、何のことだかわけがわからないだろう。

出典：村上春樹「シェエラザード」（『女のいない男たち』所収）、文藝春秋、2014年

Scheherazade

(...) "I was a lamprey eel in a former life," Scheherazade said once, as they lay in bed together. It was a simple, straightforward comment, as offhand as if she had announced that the North Pole was in the far north. ①Habara hadn't a clue what sort of creature a lamprey was, much less what one looked like. So he had no particular opinion on the subject.

"Do you know how a lamprey eats a trout?" she asked.

He didn't. In fact, it was the first time he'd heard that lampreys ate trout.

"Lampreys have no jaws. ②That's what sets them apart from other eels."

"Huh? Eels have jaws?"

"Haven't you ever taken a good look at one?" she said, surprised.

"I do eat eel now and then, but ③I've never had an opportunity to see if they have jaws."

"Well, you should check it out sometime. Go to an aquarium or someplace like that. Regular eels have jaws with teeth. But lampreys have only suckers, which they use to attach themselves to rocks at the bottom of a river or lake. Then they just kind of float there, waving back and forth, like weeds."

Habara imagined a bunch of lampreys swaying like weeds at the bottom of

---

語 彙

- lamprey eel：「やつめうなぎ」
- straightforward：「簡単な」「わかりやすい」
- offhand：「ぞんざいな」
- trout：「鱒」
- sucker：「吸着盤」
- kind of：「いくぶん」「なかなか」「いわば」
- back and forth：「前後に」
- a bunch of ...：「～の一群」「～のたば」

① clue の用法に注意。

do not have a clue (＝have no clue) about ／to ／ 疑問詞 ～

「～についてまったくわからない」

なお、似た表現として以下のようなものもあります。

☞ have no idea

☞ not have an inkling

☞ be at a loss

「まったくわからない」という心理状態は、とても村上春樹的です。単に「謎」に直面しているだけでなく、その謎に降参し、諦めているところが特徴的です。

②構文に注意。

意味は「それがやつめうなぎが他のうなぎとちがうところだ」。

That is what 関係詞節 という構文。set .... apart は「…を区別する」の意味。

ちなみに That's what sets them apart ... はごくふつうの言い方ですが、That という指示語や what という関係詞がともに、中継的に対象を指し示すことで「ワンクッションおく」というジェスチャーを示していることにも注目していいでしょう。村上春樹の登場人物たちはこのように「言葉による整理をまず行い、そのうえで言葉を介して世界とつながっている」という印象を与えることがあります。これが世界からちょっと身を引くような「距離」の表現や、場合によっては「やれやれ」というような諦念にもつながります。英訳はそのあたりのニュアンスをうまく拾っていると思います。

③ if の用法に注意。

see if... 「... かどうかを確かめる、見る」という意味になります。

a lake. The scene seemed somehow divorced from reality, ④although reality, he knew, could at times be terribly unreal.

"Lampreys live like that, hidden among the weeds. Lying in wait. Then, when a trout passes overhead, they dart up and fasten onto it with their suckers. Inside their suckers are these tongue-like things with teeth, which rub back and forth against the trout's belly until a hole opens up and they can start eating the flesh, bit by bit."

"I wouldn't like to be a trout," Habara said.

"Back in Roman times, they raised lampreys in ponds. ⑤Uppity slaves got chucked in and the lampreys ate them alive."

Habara thought that he wouldn't have enjoyed being a Roman slave, either. Of course, ⑥being a slave was a downer under any circumstances.

"The first time I saw a lamprey was back in elementary school, on a class trip to the aquarium," Scheherazade said. "⑦The moment I read the description of how they lived, I knew that I'd been one in a former life. I mean, I could actually remember—being fastened to a rock, swaying invisibly among the weeds, ⑧eying the fat trout swimming by above me."

語 彙

• divorce：(他)「～から離れさせる」。be divorced from reality で「現実離れしている」。get divorced は「離婚する」。
• dart：(自)「矢のように飛んでいく」「突進する」
• fasten onto ...：(自)「... にひっつく」「... にしがみつく」
• belly：「お腹」
• bit by bit：「少しずつ」
• uppity：「手ごわい」「頑固な」
• downer：「いやなこと」
• eying：eye (他)「～を注意深く見る」

④ could の用法に注意。

「可能性がある」という意味。

　助動詞 can はまずは「〜できる」と「能力」を示しますが、このように「可能性・推量」を示すこともよくあります（ジェイン・オースティンの章でとりあげた、must の意味の違いにも注意）。また、You can put it on the table.「机の上に置いといて」のように、「軽い命令」を示す用法も口語ではよく使われます。現実こそが現実離れしうることは「事実は小説よりも奇なり」との決まり文句でよく言及されますが、こうした逆説をさりげなく口にするのが村上作品の人物たちの特徴でもあります。

⑤構文に注意。

「言うことをきかない奴隷が投げ込まれる」という意味です。

　chuck in「投げ入れる」「投げ捨てる」という表現が以下の get の用法の中で使われています。

〈get + 受動態〉＝「〜 される」⇒「投げ込まれる」

⑥ ing 形の用法に注意。

「奴隷であることはいやなこと」という意味になります。

　ここでの ing 形は動名詞で、名詞をつくっています。つまり、「奴隷であること」という主語になっています。

⑦時制に注意。

　意味としては、「私は〜を読むやいなや、〜だったとわかった」となります。

　I'd been (＝ I had been) と過去完了形なのは、I knew 節の中で、'I was one' が時制の一致を受けているからです（もしくは「大過去」が示されているとも言えます）。

⑧ by の用法に注意。

「（そばを）通り過ぎて」という意味の副詞です。「私の上を通りすぎて」 という意味になります。swimming は fat trout を修飾しています。

(…)

"So you were thinking."

"Certainly."

"What do lampreys think about?"

"Lampreys think very lamprey-like thoughts. About lamprey-like topics in a context that's very lamprey-like. There are no words for those thoughts. They belong to the world of water. It's like when we were in the womb. We were thinking things in there, but we can't express those thoughts in the language we use out here. Right?"

"Hold on a second! You can remember what it was like in the womb?"

"Sure," Scheherazade said, lifting her head to see over his chest. "Can't you?"

⑨No, he said. He couldn't.

"Then I'll tell you sometime. About life in the womb."

⑩"Scheherazade, Lamprey, Former Lives" was what Habara recorded in his diary that day. ⑪He doubted that anyone who came across it would guess what the words meant.

「シェエラザード」

ヴィンテージから刊行された英語版『女のいない男たち』（2017年）から引用。

語 彙

• womb：「子宮」

⑨話法に注意。

　ここは直接話法と間接話法の混合体になっています。

　語順は直接話法の語順 "No, I can't" と同じですが、引用符がなく、時制や代名詞の人称は間接話法のルールに従っています。他方で、本来の間接話法であれば、He couldn't が彼の発話であることを示す伝達節が必要になります。つまりここは直接話法と間接話法の中間のような書き方になっていますが、このような方法を使うと「内」（直接話法的視点）と「外」（間接話法的視点）の境目が曖昧になり、この一節の場合は彼の発言が少々後景に退いたように感じられるかもしれません。

⑩ Lives の数に注意。

　ここは「前世」が複数あるという理解が元にあるので複数形になっています。おもしろいのは、日本語原文ではそこまで明確に複数性が表現されていないことで、英語に訳す際に初めて、単複の判断が必要になったわけです。

⑪ doubt の意味に注意。

doubt that 〜で「〜であることを疑う」の意味になります。

　同じ疑念を伴う語でも、対照的に suspect that 〜は、「〜ではないかと疑う」の意味になります。

「シェエラザード」をより深く読む

象徴と寡黙さ

　村上春樹の短編はしばしば**奇譚仕立て**になっています。しかし、奇譚と言ってもゴシック小説のようなおどろおどろしい設定はありません。風景そのものはごくふつう。そこへ「え？」というようなことが起きるのです。この「え？」のところでほぼ勝負が決まる。読者としてはもう降参で、あとは抵抗もできずに、ただただ作品の展開を追うということになります。

　典型的なのは「青が消える」という作品です。主人公がアイロンをかけていると、ふとシャツの「青」の色がなくなっていることに気づきます。そうして慌ててまわりのものをチェックすると、ことごとく青が消えているのです。地下鉄のブルーラインに行ってみると、すべての青が白になっている。いったいどうなるのでしょう。

　あるいは『一人称単数』に収められた「品川猿の告白」。主人公が温泉宿の湯に入ってくつろいでいると、猿が入ってきて背中を流してくれます。まずここで「え？」となるわけです。しかし、村上春樹らしいのはここで猿との間で話がはずんでしまうことです。決して「ぎゃーーーーっ」というような大騒ぎにはならない。しかも話がはずんだついでにビールまで付き合わせる。するとここでさらなる「え？」があります。この猿がある告白をするのです。自分は人間の女性が好きで、その名前を盗むのだ、という。ここで一気に話が一段深みに入るのがわかるでしょう。「名前を盗むって何だ？」と誰もが思う。ここで作品としては、ほぼ勝負ありです。とはいえ、これで終わりではありません。「ぼく」はこの話を誰にもしなかったけれど、あるとき出会った女性がなんと、猿に名前を盗まれたとおぼしき症状を見せる……。そんな展開がつづきます。

　今の二つの例を見てもわかるように、村上春樹の短編の「え？」はたしかに驚きに満ちてはいるけれど、ドラマチックな出来事というのとはちがう。もっとずしりと内側に響くような不思議な感覚で、何とも説明

しがたい。この説明しがたさ、言葉にしにくさは、「象徴性」と呼んでもよい何かなのかもしれません。青が消えることにしても、名前を盗むことにしても、それがいかにも何かを示しているようで、「何だろう?」と思わず考えてしまうのだけど、考えてもおそらく明快な「答え」は出てこないのです。

『ガリヴァー旅行記』では「風刺」や「寓意」といった要素に注目しました。これらは事情さえわかると「ああ、あのことを指しているのか」とか「つまり、こういうメッセージなのか」というふうに解決がつく仕組みになっています。当時の小説の読者には、私たちが今、馴染んでいるような意味でのいわく言いがたさのようなものを受け付ける感性は想定されていなかったのかもしれません。もちろん、シェイクスピア作品くらいになれば、単純な寓意や風刺などを超えた、**いわく言いがたいもの**を表現することもあるかもしれませんが、それもひょっとすると19世紀以降の感性のおかげで読み取られるようになったものかもしれません。

　これに対し、現代の私たちは**正解**を作品に押しつけることには慎重になりつつあります。そんなふうに決めつけたら、作品内のバランスが崩れてしまうのではないか。そのことで、物語としての節度のようなものを壊してしまうのではないか。村上春樹の奇譚の多くは**「ぜんぶは説明しないよ」**というデリケートな**寡黙さ**を表現しているように思えます。また、そうした寡黙さを保ちつつ作品をまとめるのには、短編という形式がすぐれているのでしょう。

奇譚と動物

　さて、では「シェエラザード」ではどのような奇譚が語られるでしょう。作品が大きく前に進むのは、シェエラザードが自分の前世は「やつめうなぎ」だったと言い出す場面です。

"I was a lamprey eel in a former life," Scheherazade said once, as they lay in bed together. It was a simple, straightforward comment, as offhand as if she had announced that the North Pole was in the far north.

「私の前世はやつめうなぎだったの」とあるときシェエラザードはベッドの中で

言った。とてもあっさりと、「北極点はずっと北の方にある」と告げるみたいに
こともなげに。

　村上春樹作品では、このように人間を他の生物と重ね合わせる場面が
よく出てきます。『1973年のピンボール』の「鼠」のようなあだ名に限
らず、「かえるくん、東京を救う」の「蛙」や今触れた「品川猿の告白」
の「猿」など実際に蛙や猿が登場して、人間のようにしゃべることもあ
ります。一歩大きくファンタジックな世界に足を踏み出しているわけで
す。驚きとともに、奇譚の世界に入っていく。

　では、「シェエラザード」はどうでしょう。この作品はその設定から
して「千夜一夜物語」を念頭に置き、いかにも奇譚的な気配があります。
しかし、"I was a lamprey eel in a former life" という告白は、それほど奇
譚的には響かないかもしれません。ちょっと変わった女性が不思議めか
したことを言っている。男女がむつみあう光景の中でごくありふれたや
り取りではないでしょうか。

　私がここで注目したいのは動物登場の奇譚性よりも、動物を介したこ
とによって強調される言葉の**「なぞなぞ性」**です。ちょっと意味ありげ
だけど、どういう「意味」かはわからない。英語ではなぞなぞは riddle
ですが、より深みと神秘性をたたえた謎を示す **enigma** という語の方が
あたるかもしれません。今の引用箇所は、「〈なつめうなぎ〉とかけて、
何ととく?」という謎かけとして読めます。そして、この作品はこの謎
かけを転換点として、穏やかな**謎解きのプロセス**として展開していくの
です。

　村上春樹の謎は安易に解かれてはいけない。下手に「答え」を押しつ
けたら小説のバランスが崩れてしまいます。しかし、村上はそのように
謎が謎として屹立（きつりつ）するような作品を数多く書く一方で、謎が思いがけな
い方向で解かれる作品も書くようになりました。この「シェエラザード」
はその典型ではないかと私は思います。

思いがけず解かれる謎

「シェエラザード」はどう展開するか。私たちの予想として、自分の前
世が「やつめうなぎ」だなどという喩えは、所詮、**言葉の戯れ**にすぎな
いと感じます。ところが、この喩えを地で行くエピソードが語られるの

です。シェエラザードという女性は、高校生のときにストーカーめいたことをしていた。しかも、そのやり方はけっこうベタで、生々しく、不潔でさえある。前世が「やつめうなぎ」だなどと口にするような、浮き世離れしてふわふわした、遊び心丸出しのシュールな女性には似つかわしくない。見苦しいほどにふつうに病的な過去があったのです。こうしてみると「やつめうなぎ」という比喩も、こちらを煙に巻くどころか、けっこう的確なものに思えてきます。

しかし、物語はここで終わりません。先に私は、この小説の謎が「思いがけない方向で解かれる」と言いました。ここでそれが起きます。シェエラザードの語る話に耳を傾けながら、主人公はあらためて自分が、語り手としての彼女の技量に依存していたことを悟るのです。すでに主人公はシェエラザードとあだ名される一人の女性を離れて、女性一般に話を広げているのかもしれない。ひょっとすると羽原という人物も、この短編内に設定された羽原という人物の枠を破って、背後の作家そのものと重なりつつあるのかもしれない。いずれにしても、そんなふうに視界を大きく広げながら、「謎」に対する「答」が静かに提示される。

ここで示されるのは、羽原（とそしておそらく村上春樹と）が、まるで「やつめうなぎ」のように女の語る物語に吸いつくことで滋養を得てきた、しかし、そこには共感が生まれ、そこにこそ人生の豊かな部分があったのではないか。そんなふうに読めます。英訳ではこの箇所は次のようになっています。

Perhaps an even more distressing prospect for Habara than the cessation of sexual activity, however, was the loss of the moments of shared intimacy. To lose all contact with women was, in the end, to lose the connection.

＊ためしにあえて、やや直訳的ながら英訳から逆に日本語に訳したものを以下に示します。

しかし、羽原にとっては、今後、彼女との性交渉が途絶えてしまうということよりも、彼女と親密なひとときを共有できなくなることの方が悩ましいのかもしれなかった。女性との関係が終わるというのは、結局、そのような接触を断たれることを意味するのだ。

この直訳的な拙訳と村上春樹の原文を比べれば、原文の微妙なバランスと、英訳者の工夫とがあらためて印象づけられるのではないでしょうか。また訳してみると気づくのは、原文に英語的な「AではなくB」という論理や、「つまり」と言い換えられるような同格的な連鎖が内在しているということです。

「聞き手」としての作家

ここで出てくる **intimacy**「**親密さ**」という概念は、村上春樹の作品全体そのものを理解するキーワードとなりえるかもしれません。小説家はしばしば**「語る人」**と見られがちですが、実際には**「聞く人」**でこそある。村上春樹の奇譚では語る／聞くという設定ががっちりと守られていることに注目すべきでしょう。小説とは語るための形式であるよりも、聞くための形式である。そこから「親密な時間」が生まれる。「現実の中に組み込まれていながら、それでいて現実を無効化してくれる特殊な時間、それが女たちの提供してくれるものだった」と羽原は言います。英語版では以下のようになります。

What his time spent with women offered was the opportunity to be embraced by reality, on the one hand, while negating it entirely on the other.

現実の中に組み込まれていながら、それでいて現実を無効化してくれる特殊な時間、それが女たちの提供してくれるものだった。

村上春樹がもっとも大きな影響を受けた作家の一人にF・スコット・フィッツジェラルドがいます。翻訳や作家論を収めた『ザ・スコット・フィッツジェラルド・ブック』（1988）を刊行し、オマージュをささげたほどの作家です。本書でとりあげた「リッチ・ボーイ」を読めばわかるように、このフィッツジェラルドは**警句的 (epigrammatic) で謎めいた (enigmatic) 短い表現**を巧みに作品中に取り入れる作家です。「リッチ・ボーイ」でも冒頭部分に下記のようなぎゅっと圧縮された一節があったことが思い起こされます。

Begin with an individual, and before you know it you find that you have created a type; begin with a type, and you find that you have created— nothing. That is because we are all queer fish, queerer behind our faces and voices than we want any one to know or than we know ourselves.

「リッチ・ボーイ」はこのような謎かけを冒頭に持ってきておいて、その謎に対する一種の応答のようにして物語が展開される仕掛けになっていました。英文学の小説や詩ではこうした警句や謎から作品が動きはじめたり、あるいは要所要所でそれらがぎゅっと文章を引き締めるということがよくあります。オースティンの『高慢と偏見』もそうでした。村上春樹が英米の作家から受けたもっとも大きな影響の一つに、この**「謎かけ構造」**があると私は思っています。もちろん、単純に「正解」が提示されるわけではない。謎はある程度謎のままに終わることも多いです。また、展開の中で、さらなる謎が生まれることもある。

　しかし、そんな謎との格闘の中で、「シェエラザード」でも「リッチ・ボーイ」でも共通して浮かび上がるのは、主人公の男たちが「聞き手」としての自分に目覚めていくプロセスです。謎との直面を通し、私たちは「そう簡単に正解にたどり着けない自分」と出会います。そこにこそ、物語の喜びがある。聞き手としての快楽がある。そして、同時に、「自分は物語の主人公ではないのだ」という、つまりあくまで間接的な受容者でしかないことからくる一抹のさびしさもある。しかし、これこそがまさに共同体的な共感を生むための、**「望ましいさびしさ」**なのかもしれません。「シェエラザード」の羽原にも「リッチ・ボーイ」のアンソンにも特有の哀切感が漂いますが、その哀切感は自己中心的な「悲しさ」や「絶望」とはちがって、もう少し広がりを持った**「親密さへの希求」**とかかわっているように私には感じられます。「聞き手」であることに目覚めた彼らは、永遠に他者の物語を求めつづけるのではないでしょうか。

文献案内

第1章

　まず翻訳では**武田将明訳『ロビンソン・クルーソー』**（河出文庫、2011年）は訳が原文に忠実で丁寧、デフォーの変人ぶりを説明した解説も短いながら充実しています。**鈴木恵訳**（新潮文庫、2019年）も読みやすい訳です。同じデフォーによる**『ペストの記憶』**（武田将明訳、研究社、2017年）は、コロナ禍で注目を浴びたペスト小説で、見てきたように書いていますが、実際にはデフォーはこのペスト禍を体験したわけではありませんでした。デフォーの人生に興味を持った人には**塩谷清人『ダニエル・デフォーの世界』**（世界思想社、2011年）という本格的な評伝があります。デフォーはその人生もかなり興味深く、本書はその大きな部分を伝記的な記述に割いているので、これからデフォーの勉強を始めようとする人にとってはいいきっかけになるでしょう。『ロビンソン・クルーソー』を書くことがデフォーにとってどのような意味をもったかなどの考察もおもしろく、作品の抱える矛盾が、デフォー自身の矛盾を反映しているといった読みも提示されています。**干井洋一『ダニエル・デフォー研究』**（関西大学出版部、2019年）は啓蒙的にわかりやすく書かれていながら、デフォー研究の最新動向も紹介した本です。『ロビンソン・クルーソー』についての8つの解釈を紹介するなど、この先の勉強の導きになります。**林直樹『デフォーとイングランド啓蒙』**（京都大学学術出版会、2012年）は、デフォーを17世紀から18世紀にかけての社会の文脈の中で読み直す本で、経済とのつながりなどに詳しいところがユニークです。

第2章

『ガリヴァー旅行記』の翻訳は非常にたくさんある上、2020年からは**「朝日新聞」紙上で柴田元幸訳**が週一回連載されています。ですます調の訳文で、原文の流麗さととぼけた感じをうまく出しています。英文学の古典作品が新聞紙上で連載されるというのは珍しく、『ガリヴァー旅行記』の人気の高さを示すでしょう。2021年2月には**高山宏訳**（研究社）も刊行、著者の文体術も微妙に反映させたマニアックなガリヴァー訳となっています。また訳者が長らくこだわってきた視覚装置についての解説も興味深いです。2016年に出版された**『『ガリヴァー旅行記』徹底注釈』**（岩波書店）は富山太佳夫訳と、服部典之、原田範行、武田将明の三氏による詳しい注釈がセットになっています。スウィフト研究の第一線で活躍する三人がたっぷりスペースをとって、作品へのからみどころを徹底的に紹介しており読み応えがあります。**原田範行『「ガリバー旅行記」とその時代』**（NHK出版、2015年）は、ラジオ講座に合わせて刊行された平明な入門書ですが、内容はとても充実しています。『ガリヴァー旅行記』の背景にあった市民革命、政治制度の変容、英語改革の概要が説明され、四つの章の風刺が当時の現実社会のどこに向けられていたかなどについても、わかりやすい解説があります。作家に興味を持った人は、**田中祐子『公共的知識人の誕生——スウィフトとその時代』**（昭和堂、2019年）が、人生について未解明のことも多いスウィフトの本格的な評伝となっています。スウィフトの風刺が当時の新しい財政金融制度に向けられており、その背後に、経済的な自由が宗教の腐敗を招くという考えがあったと指摘しています。**塩谷清人『ジョナ**

サン・スウィフトの生涯——自由を愛した男』(彩流社、2016年)は、入門者用にコンパクトにまとめられた伝記で、スウィフト読解の鍵になる諸テーマにも簡潔に入口を提供しています。「変人」「いやな奴」といったやや偏ったレッテルを貼られることも多いスウィフトの多面性が強調されています。**千森幹子『ガリヴァーとオリエント』**(法政大学出版局、2018年)は、『ガリヴァー旅行記』の中でオリエントがどう表象されてきたかを、図像を手掛かりに考察するとともに、日本におけるガリヴァー受容も扱っています。近年の英文学研究の新しい方向を知るうえでも参考になるでしょう。**木下卓・清水明編著『ガリヴァー旅行記』**(ミネルヴァ書房、2006年)は一般向けの啓蒙書ですが、各章を担当する研究者が腕によりをかけて鋭い新しい読みを提示するので、勉強のきっかけになります。**富山太佳夫『「ガリヴァー旅行記」を読む』**(岩波書店、2000年)は連続講演を起こしたもので、かなり打ち解けたカジュアルなモードで語られます。下ネタなどきわどい話題にも軽妙に切り込み、大胆な着想も紹介。著者の人柄が浮かび上がります。

第3章

翻訳は**小山太一訳『自負と偏見』**(新潮文庫、2014年)、**阿部知二訳『高慢と偏見』**(河出文庫、2006年)、**小尾芙佐訳『高慢と偏見』**(光文社古典新訳文庫、2011年)など多数あります。デフォーやガリヴァーとちがっておもしろいのは、タイトルの訳語にいろいろヴァリエーションがあることです。また、会話部分の訳にはとくに訳者の個性が出ています。オースティンは伝記的事実があまり知られておらず、そもそもあまり大きな出来事もなかった可能性もありますが、そんな中で甥のJ・E・オースティン＝リーによる回想録『ジェイン・オースティンの思い出』(中野康司訳、みすず書房、2011年)や**新井潤美編訳『ジェイン・オースティンの手紙』**(岩波文庫、2004年)は貴重な資料です。

読解のための入門書もいろいろな角度から提供されていますが、何と言っても話題は恋愛。**廣野由美子『深読みジェイン・オースティン——恋愛心理を解剖する』**(NHK出版、2017年)は、オースティンの登場人物たちの恋愛心理を「深読み」してみせる本で、『高慢と偏見』については、母親や父親との関係のせいでエリザベスの世界の見え方が歪んだとの分析がされていて興味深いです。**マイケル・S-Y・チェ、川越敏司訳『ジェイン・オースティンに学ぶゲーム理論——恋愛と結婚をめぐる戦略的思考』**(NTT出版、2017年)は、オースティン作品にゲーム理論の「戦略的思考」が読み取れるとするもので、「察しの悪さ」に注目している章は、本書でとりあげた抜粋個所の読解にも役立つでしょう。**日本オースティン協会編『ジェイン・オースティン研究の今——同時代のテクストも視野に入れて』**(彩流社、2017年)は最新のオースティン研究の動向がまとめられています。『高慢と偏見』については、括弧の使い方の変化に注目した中村祐子の論考が収録されています。**新井潤美『自負と偏見のイギリス文化——J・オースティンの世界』**(岩波新書、2008年)は一般向けに平易に書かれた入門書ですが、「作られたオースティン像」を修正し、その笑いの「どぎつさ」などを明らかにしていきます。当時の結婚や階級の「現実」についての解説も役立つでしょう。オースティンをもっと勉強したいという人には、**内田能嗣・塩谷清人編著『ジェイン・オースティンを学ぶ人のために』**(世界思想社、2007年)が便利です。大学生向けに研究の手ほどきをしてくれる案内で、さまざまな研究上のルールやコツ、またオースティンの先行研究についての案内もあります。末永信

子『ジェイン・オースティンの英語——その歴史・社会言語学的研究』（開文社出版、2004年）
はオースティンの文体を「完了形」「進行形」「受動態」…といった文法カテゴリーごとに分
析しています。当時と現代では文法規則の運用も微妙に異なりますが、そのあたりの時代的
な要素もおさえながら実証的に分析しています。その他研究書としては川口能久『個人と社
会の相克——ジェイン・オースティンの小説』（南雲堂、2011年）、惣谷美智子『ジェイン・
オースティン研究』（旺史社、1993年）などもあげておきます。

第4章

　ポオの評伝としては八木敏雄『ポー——グロテスクとアラベスク』（冬樹社、1978年）が
古典として評価が高いです。ポオも文献が非常に多く、また人気もある作家で入口は多数あ
るので、八木敏雄・巽孝之編『エドガー・アラン・ポーの世紀——生誕200周年記念必携』
（研究社、2009年）のようなものでおおまかな見取り図を得てから入門するといいでしょう。
これまでの研究書や論文、註釈本などを簡単なコメントとともに紹介しています。翻訳も多
数出ていますが、まずは創元推理文庫の『ポオ小説全集（1～4）』（1974年）と『ポオ詩と
詩論』（1979年）が役に立ちます。鴻巣友季子・桜庭一樹編『Ｅ・Ａ・ポー』（集英社文庫ヘ
リテージシリーズ、2016年）も手頃な集成で、文献目録つき。平石貴樹『アメリカ文学史』
（松柏社、2010年）は、文学史にしては珍しく心地よく通読できてしまう本ですが、これは
著者の好みに応じてかなり明確に作家の記述にメリハリがつけられており、幾人かの作家に
は不平等なほどの多くの頁が割かれていることとも関係しています。ポオもそんな特別扱い
を受けている作家の1人で読み応えがあります。ちなみに探偵小説作家であるこの著者には
『だれもがポオを愛していた』（集英社、1985年）という作品もあります。

第5章

　フィッツジェラルドは日本でもかなり名が知られ研究も盛んですが、本格的な研究書は多
くはありません。そんな中、本書でも話題にした、村上春樹著訳による『ザ・スコット・フィッ
ツジェラルド・ブック』（中央公論新社、2007年）には「リッチ・ボーイ」その他の翻訳
に加えてエッセイなども収められており、村上春樹に興味がある人のみならず、フィッツ
ジェラルドへの案内としても便利です。村上春樹にとってフィッツジェラルドという作家が
どれだけ大きな意味を持っていたかを示す一冊です。また上西哲雄「ビジネス・ロマンスは
可能か：F・スコット・フィッツジェラルド文学の大衆性の意味」（『アメリカ文学のアリー
ナ』松柏社、2013年所収）は、フィッツジェラルドの長編作品がどのように大衆性を得たか、
あるいは得ようとしたかを「仕事」の扱いなどから論じています。「リッチ・ボーイ」はこ
うした長編とはかなり趣が違いますが、どのような文脈で書かれたかがわかります。ロバー
ト・L・ゲイル、前田絢子訳『F・S・フィッツジェラルド事典』（雄松堂、2010年）は図書
館などに備えられているでしょう。また拙著『英語的思考を読む』（研究社、2014年）の第
4章では「主人公の資格とはどのようなものか？」という視点から『華麗なるギャツビー』
について考察しています。

第6章

『老人と海』は小川高義訳（光文社古典新訳文庫、2014年）をはじめ既訳が多くあります。2020年には新しく高見浩訳が刊行されました。これに先立ち2019年には、倉林秀男・河田英介著『ヘミングウェイで学ぶ英文法』（アスク出版）が大きな話題を呼んでもいます。英語学習は長らくコミュニケーション重視の傾向がつづき、文法や読解はどちらかというとなおざりにされることが多かったのですが、この本では英語学習と文学作品の読解とを上手につなぎ、ヘミングウェイの英語のおもしろさも解説していますので、入門者や若年層にもおすすめです。続編の『ヘミングウェイで学ぶ英文法2』では『老人と海』も扱っています。『老人と海』に興味を持った人は、是非、高野泰志編著『ヘミングウェイと老い』（松籟社、2013年）の最後に収録された「[討論]『老人と海』は名作か否か」という熱い座談会を読んでもらいたいです。ヘミングウェイを何十年も研究してきた学者たちが「『老人と海』ってそんなにいいか？」「なぜあればかり褒められる？」「実はあれは褒めるのが難しい」「あんなに優しい英語で書いたところがすごい」といった意見をぶつけ合って侃々諤々する、いろいろな意味で興味深い対話で、これを読むと『老人と海』研究やヘミングウェイ研究の雰囲気がよくわかります。なお、同書に収録された上西哲雄「フィッツジェラルドから見たヘミングウェイ文学の「老い」──『日はまた昇る』から『老人と海』へ」では、フィッツジェラルドとヘミングウェイの老いが比べられています。前田一平『若きヘミングウェイ──生と性の模索』（南雲堂、2009年）はタイトルからわかるように『老人と海』は対象外ですが、代表的なヘミングウェイ研究者による作品論を収録しているので読んで損はないと思います。日本ヘミングウェイ協会編『アーネスト・ヘミングウェイ──21世紀から読む作家の地平』（臨川書店、2011年）は、ヘミングウェイの各年代に応じたアカデミックな切り口を提供しています。高野泰志『アーネスト・ヘミングウェイ、神との対話』（松籟社、2015年）も代表的ヘミングウェイ研究者による研究書です。評伝としては島村法夫『ヘミングウェイ──人と文学』(勉誠出版、2005年）、テーマの解説としては今村楯夫『アーネスト・ヘミングウェイの文学』（ミネルヴァ書房、2006年）もあげられます。

その他

　村上春樹の翻訳については、村上春樹・柴田元幸『翻訳夜話』（文春新書、2000年）が参考になります。聴衆を前にしながら、二人が臨機応変に翻訳についての考えを開陳。オースター作品の「鏡訳」がされているのも興味深いです。村上作品を英語で読むための参考書としては、村上春樹を英語で読む会編著『村上春樹が英語で楽しく読める本』（コスモピア、2020年）、加藤典洋『村上春樹の短編を英語で読む　1979－2011　上・下』（ちくま学芸文庫、2019年）があります。

　文学史全体を俯瞰するのに手頃なのは石塚久郎、大久保譲ほか編著『イギリス文学入門』（三修社、2014年）、諏訪部浩一、稲垣伸一ほか編著『アメリカ文学入門』（同、2013年）です。項目ごとに参考文献にも言及があるので便利です。

おわりに

　本書はいわゆる「ミルフィーユ型」になっています。各章は以下のように7つの層からなります。

・作品の概要とあらすじ

・「読みのどころ」

・原文抜粋部分の和訳

・原文の抜粋

・語釈と文法の解説

・「より深く読む」

・文献案内

　これは文学史概説の授業などで私が踏まえているやり方で、これから文学作品を手に取って読もうとする人に、なるべく抵抗感のない形で前に進んでもらうための、波状的なアプローチを設定しています。いっぺんに通読していただければ、さくっと一息にミルフィーユを噛みしめるような具合になるでしょうし、もちろん、少しずつ、にじり寄るようにして本丸に迫ってもらってもけっこうです。

　この「本丸」とはもちろん原文です。しかし、いきなり英語をつきつけられると拒絶反応を示す人もいるかもしれないので、日本語であらすじを示し、背景を説明し、訳で導き、注釈をたよりにいよいよ原文の、そのごく一部を抜粋で読む。そして読んだ箇所を踏まえて、さらに大きな時代・地域という「本」にも思いをはせる。「はじめに」にも書きましたが、これはあくまで作品全体を読むための第一歩です。本書で良いきっかけがつかめたら、是非、次の一歩を踏み出してください。また、7つの章に加えて「補講」部分で、何人かの文学者の心に残る「名言」を紹介していますのであわせて参考にしてください。

　作品は日本でもよく知られたものを選んでいます。それぞれ複数の翻訳が刊行されてもいます。「タイトルは聞いたことあるけど、読んだことない」という作品を結局一生読まずに終わるのではなく、一部だけでも覗いてみてはどうでしょう。百聞は一見にしかず。一部だけでも原文に触れると、その向こうの世界がぐっと開けます。

　引用テクストは現代日本の読者の便宜を考え、古いスペリングやパン

クチュエーションは適宜変更してありますが、１８世紀小説に顕著な大文字の使用は、今とは違う当時の慣習を味わっていただくためにもあえて残してあります。大文字が氾濫するテクストの風情を味わってみていただければと思います。

　本書では、抜粋部分の翻訳はすべて著者である私が行いました。どの作品もすでに良質の翻訳がありますが、いわゆる商品としての翻訳と、英語を理解するための和訳とは少々異なります。後者の場合は、なるべく英語の構造がとらえられるように、流麗な日本語にすることよりも英語の仕組みを反映した形になります。私が目指したのは後者です。もちろん日本語として不自然でないことは最低条件ですが、英語とならべて「なんでそうなるの？」ということのないにしたつもりです。商品として流通するほどのものではないので、是非、刊行されている翻訳もご覧になってください。

　語注や註釈は原文の読解を助けるためのものですが、ときおりあえて脱線して、英語の文章の書かれ方の特徴やその他の情報にも言及しました。このあたりも実は話題豊富なのですが、あまり註釈がふくれあがってもいけないので、ほどほどにしてあります。

　本書の企画は、文藝春秋の俊英・山下覚さんが担当してくださいました。文藝春秋で私がふだんお付き合いがあるのは文芸誌周辺の方々が多いのですが、山下さんはそうした方々とは一味ちがうスピード感というか透明感というか、言い方が難しいのですが、ともかく私にとって新鮮な指摘が多く勉強になりました。もともと山下さんのご希望は、「大学の授業のように！」ということでしたので、ときには熱く議論を戦わせながらもいろいろなアイデアをいただき感謝しています。作家のプロフィール欄の作成その他、山下さんの手をわずらわせた箇所も多々ありました。校閲を担当してくださった西村創さんは、東京大学の文学部で私の授業にも出てくださっていた方。非常に適切な指摘をいただきました。また、最後になりますが、『ギフト〜Ｅ名言の世界〜』からの拙稿の再録をお認めいただいたNHK出版の平野陽子さんにも御礼を申し上げます。

2021年3月19日

阿部公彦

阿部 公彦（あべ・まさひこ）

1966年生まれ。東京大学文学部教授。英米文学研究。文芸評論。著書は『英詩のわかり方』（研究社）、『小説的思考のススメ』（東京大学出版会）、『幼さという戦略』（朝日選書）、『名作をいじる』（立東舎）、『史上最悪の英語政策』（ひつじ書房）、『100分de名著　夏目漱石スペシャル』（NHK出版）、『理想のリスニング　「人間的モヤモヤ」を聞きとる英語の世界』（東京大学出版会）など啓蒙書と、専門書では『文学を〈凝視する〉』（岩波書店、サントリー学芸賞受賞）、『善意と悪意の英文学史』（東京大学出版会）など。『フランク・オコナー短篇集』、マラマッド『魔法の樽　他十二篇』（ともに岩波文庫）など翻訳もある。ホームページ：http://abemasahiko.my.coocan.jp/

装丁　　　　征矢武
本文デザイン　清水真理子（TYPEFACE）
DTP　　　　福田正知

英文学 教 授が教えたがる名作の英語

2021年4月25日　第1刷発行

著　者　阿部公彦

発行者　島田真
発行所　株式会社 文藝春秋
　〒102-8008　東京都千代田区紀尾井町3-23
☎ 03-3265-1211（代表）

印刷所　大日本印刷
製本所　大日本印刷